让学习
走向深度

何忠锋 著

北京燕山出版社

图书在版编目（CIP）数据

让学习走向深度 / 何忠锋著 . —北京：北京燕山出版
社，2023.12

ISBN 978-7-5402-5062-1

Ⅰ .①让… Ⅱ .①何… Ⅲ .①学习方法 Ⅳ .① G442

中国国家版本馆 CIP 数据核字（2023）第 253642 号

让学习走向深度

作　　者：何忠锋

责任编辑：王　迪

封面设计：盟诺文化

版式设计：盟诺文化

出版发行：北京燕山出版社有限公司

地　　址：北京市西城区椿树街道琉璃厂西街20号

邮政编码：100052

发行电话：（010）65240430

印　　刷：河北华商印刷有限公司

开　　本：710×1000　1/16

印　　张：11.75

字　　数：245千字

版　　次：2024年1月第1版

印　　次：2024年1月第1次印刷

书　　号：ISBN 978-7-5402-5062-1

定　　价：58.00元

目 录

第一模块 内涵价值

第二模块 实践策略

第三模块　影响因素

第一模块

内涵价值

基于深度学习的政治课主题教学实践

"教学做合一"强调"教的方法要依据学的方法，学的方法要依据做的方法。事情怎么做你就怎么学，你想怎么学就会怎么教"。"基于深度学习的政治课主题教学"正是基于政治课教学实践，坚持以学生主体的学习发展为价值取向，围绕主题情境构建教学结构，简约有效地促进学生对知识的主动建构。实践研究报告如下。

一、探明了基于深度学习的政治课主题教学的内涵、特征与价值

1.厘清了"深度学习""主题教学""基于深度学习的政治课主题教学"等核心概念的基本内涵

深度学习：原指计算机的人工智能，后引申为新的学习内容或技能必须经过一步以上的学习和多水平的分析或加工，以便学生可以改变思想、控制力或行为的方式来应用这些内容和技能。本研究强调学生能够批判性地学习新的知识，融入原有的认知结构，将已有的知识迁移到新的情境，解决问题。

主题教学：就是将教学内容主题化，按照主题组织教学活动的教学方式。

基于深度学习的政治课主题教学实践：指以思想政治学科核心知识和相关情境构成主题情境，在学生初步学习的基础上开展探究性合作学习，促进学生对知识进行迁移、运用，实现由知识到智慧的转化。

2.初步把握了"基于深度学习的政治课主题教学"的基本特征

基于深度学习的政治课主题教学的实践研究，我们认为具有以下三个主要特征：

（1）批判性思考

批判性思考是指我们检查自己所获信息并在这种检查的基础之上进行

批判和决策的过程。在基于深度学习的政治课主题教学中进行情境问题探究时，学生必须对任何事保持一种批判或怀疑的态度，需要批判性地思考问题，检视事实，分析假设，斟酌其他因素并最终确定支持或反对一项观点的理由。合作学习中，学生不会理所当然地相信教师所讲授的内容或书本知识，要对所学知识进行深入思考，从而形成对知识的理解和应用，而不会像浅层学习者那样简单复制和记忆信息。

（2）信息的整合

"温故而知新"，既揭示了新旧知识之间的内在联系，又阐明了运用已有知识为桥梁学习新知识的重要性，而且还鲜明地体现了教学当中知识迁移的规律性，政治课主题教学也不例外。浅层学习将信息看成是孤立的、无联系的单元进行接受和记忆，它导致为了测验对信息进行浅层的学习，而并不能促进对信息和知识的理解和长期保持。基于深度学习的政治课主题教学强调学生对于新旧知识的联系，要求在学生进行预学的基础上进行合作探究；在主题情境的问题设计中往往会对教材内容和大量信息进行整合，这种信息整合不仅有新旧信息的整合，有时还会包括多学科多领域信息的整合，这在一定层面上反映了学生深度学习的程度。

（3）主动的建构

建构主义认为，学习是引导学生从原有经验出发，生长（建构）起新的经验。学习是学习者主动地建构内部心理表征的过程，是新旧经验之间反复的双向作用过程，即"建构一方面是对新信息的意义的建构，同时又包含对原有经验的改造和重组"。浅层学习只是消极被动地接受信息。基于深度学习的政治课主题教学的任务驱动策略，有利于培养学生积极主动的学习态度，使其在学习中能够不断体验到取得进步的愉悦心情，在学习上遇到困难能够主动克服，坚持完成既定学习任务或目标。在这一过程中，学生把新知识与已有的知识经验联系起来，在已有知识结构的基础上建构新知识，丰富或重构原有的认知结构。因此，深度学习是一种主动建构知识意义的学习，它能使学习者获得更为灵活的知识、更为深刻的理解。

3.明确了研究价值和创新之处

研究价值：基于深度学习的政治课主题教学是基于"生活教育理论"的课堂教学嬗变。这一模式提出了一种全新的知识建构观，即通过教学主线，将知识自身结构和知识应用结构结合起来，实现了理论观点和生活主题、学科知识和生活现象、理论逻辑与生活逻辑的有机统一。它为落实新课改提供了一个稳定的课堂教学的操作程序。

基于深度学习的思政课主题教学是引导学生学习行为的一次革命。它有利于改善学生浅尝辄止、浮于表面的学习方式，使之发生"深度学习"；对学习策略的教学进行研究，有利于培养学生终身学习的能力。

基于深度学习的政治课主题教学是课堂师生关系定位的新型诠释。它要求在思想政治课教学中学生先行预学，以此为基础，政治教师根据教学大纲，突破传统教材束缚，针对核心知识自我组织教学内容，灵活设计教学流程，开展合作学习，有利于师生自能发展同构共生。

创新之处："深度学习"能力是现代社会生活的必然要求。当今社会是知识经济社会，知识的更新速度很快，仅靠记忆性知识、陈述性知识和程序性知识已经远远不够。学习者必须具有对复杂概念深层次的理解，以及掌握利用复杂概念创造新概念、新理论、新知识的能力；他们还必须能对阅读的材料做出批判性的评价并且具备科学思维和数学思维；他们需要学习整合的、可用的知识。《国家中长期教育改革和发展规划纲要(2010—2020年)》强调，教学要注重帮助学生学会学习，并为学生学会学习而创设有利环境。可见，"深度学习"能力已是现代社会的必然要求。

主题教学是基于课改精神的实践运用。政治课主题教学强调教师要突破教材框架，突出核心知识，选择典型案例进行主题设计。政治教师需要统筹教学资源，由教教材转向用教材组织教材，克服教学中顾此失彼的问题，提高课程资源的一致性；实践中突出体现课堂教学中的学生主体，以学生的学习力提升为指向，实现教学过程的两个转变：重"教"向重"学"转变和重"结果"向重"过程"转变。

关注学生的学习是课堂教学的核心内容。每位学生都有自己的学习策略。学生的学习策略之间是有差异的，会学习和不会学习的学生为学习的付出和得到的结果往往相差很多。教师要善于化学生之间的学习策略差异为一种"资源"，促成学生之间的学习策略共享，促成优秀学生学习策略对更多学生的辐射与示范，促成学生之间的互教互学。关注学生选择恰当的学习策略，既可以帮助学生课业发展，又可以提升他们的学习力。

二、构建了"基于深度学习的政治课主题教学"的基本范式

1.基于深度学习的主题教学基本课堂范式

"基于深度学习的政治课主题教学"的范式就是将教学内容主题化，按照主题组织教学活动，在各种主题活动中建构知识，培养学生自主学习、自我管理、合作探究等能力。

其流程建构为：核心知识界定→主题情景设置→探究问题生成→师生合作探究→知识迁移提升。

在具体的教学组织环节，可根据教学内容和活动进程，围绕自主生成的教学要求，增加新的教学环节，如预学、展示、交流、评价等。

2.教学范式的相关解读

教学内容主题化，就是改变传统的按章节组织教学的模式，结合学生的实际生活，将教学内容重新按照一个主题进行组织，便于学生进行自主学习、互助探究、建构知识、生成发展能力。

主题可以是问题、任务、活动、案例、情境等对象，不同的课程可以根据课程的性质选择不同的对象主题。主题大小要适中：主题过小，内容会显得凌乱琐碎，不利于系统性教学；主题过大，完成主题的时间过长，空间过大，不利于主题之间知识的建构和生成。

自主预学：学生依据主题要求，通过广泛收集资料、社会调研、独立思考等自助学习、自主学习过程，初步形成满足主题要求的知识结构和内容。

互助探究：小组成员在自主学习的基础上，将自己的知识（技能、素养）结构和内容与他人分享，以一种合作互助的探究方式，互补知识（技能、素养）结构和内容。

展示交流：各小组推荐一名代表在班级展示小组的探究成果，其他组提问，教师适当引导，破疑解难。

多元评价：采用教师评价、小组评价和自我评价相结合的方式对学生的学习过程、学习态度、对学习成果的贡献等进行评价。

拓展提升：检验学生构建知识、生成能力的成果。

3. 主要特征

合作性。基于深度学习的主题教学过程中，每个问题的思考与回答所表达的不仅仅是案例本身的信息，更是在个人准备和小组研究基础上的加

工，在其所持观点的背后，有基于个人经验的判断、洞察力和直觉，有同伴的思维碰撞，还有来自老师的第三方参与，从而使学生对知识的发展脉络产生难忘的印象。

综合性。作为基于深度学习的主题教学的情景载体，需要贯穿课堂教学的全过程，容纳知识的全包容。相关探究问题的设计体系化，逻辑上环环相扣，其分析、解决过程也较为复杂。学生不仅需要具备基本的理论知识，而且需要具有认识问题和解决问题的能力。

探究性。基于深度学习的政治主题教学有实际背景的问题，可以激起学生探究问题的兴趣，使学生产生要进一步研究下去的动力。基于案例的问题探究过程，结合案例载体，会有相当的阶梯型问题和争论型问题的设置，给探究学习提供了机会，在真实的或现实的问题情境下师生共同进行自由探索、合作学习，知识的交流是多维的、多向的，有利于激发学生的探索欲，调动学生的积极性、主动性、创造性，使学习走向深度。

三、形成了"基于深度学习的政治课主题教学"的基本策略

1.关于主题的探究：主题是一堂课的中心，是本研究的关键词之一。主题的选择不是简单地把框题变成主题，可以采用这样一些策略进行主题设计。

信息整合策略：主题教学最大的独创性是打破了政治教材沿袭几十年的课题、节题、框题三级式的框架。本研究中的主题，可以在不违背教材总的框架前提下，打破教材原有节题、框题的结构，结合现实生活，根据实际需要对教材加以重新组合、取舍而形成。

重点拓展策略：主题选择需要突出重点。在一个重点目标引领下，还要注意前后知识上的连贯。各主题虽然相对独立，但是前后要有一定的逻辑关系，由浅入深。在此基础上对重点关注的问题进行适当的拓展和延伸，加大主题的相关信息量，引导学生进行进一步的合作探究。

话题借用策略：主题一般是一堂课的课题。但和传统课题不同之处在于，它更加强调单一性、针对性、实效性、独创性。因此，一定程度上，基于深度学习的政治课主题教学中的主题可以结合时事政治或者时代特征，形成和教学内容相关的话题作为主议题，这个主议题也是一种主题来源。

2.关于问题和活动：本课题的主线是问题和活动。适恰的问题是探究活动开展的关键，是学生兴趣产生的源泉，更是教学目标完成的根本。基于深度学习的政治课主题教学中的活动是围绕问题而展开的。研究中，对于问题与活动设计我们采用了这样一些基本策略：

情境问题设计策略：情境问题设计是以情境化的学与教为核心理念，以实际问题情境为载体，实现知识实践运用。教师在课堂知识教学中，可根据设计过程和呈现时借助的手段的差异，为学生呈现符号类、模拟社会生活场景类和基于技术支持的现实情境，设计相应的问题，引导学生在情境中运用已有知识探究新的问题。情境化的问题使学生处在积极思考和亲身体验的课堂环境中，从而提升了学生的主体地位，促进学生主动学习和深度学习。

体系组合设计策略：学生思维发展离不开问题意识，问题意识的形成需要用问题来引导，体系化的问题可以引导学生学习从表面走向本质，从浅层次走向深层次。主题教学课堂结构对教材作了两个调整。第一个调整是把原来由大小标题引领的教学板块调整为由问题和活动引领的板块；第二个调整是把教材按知识逻辑编排的顺序调整为按学生思维、心理逻辑顺序编排。在体系化问题设计中，我们把问题分为核心问题和一般问题。所谓核心问题，就是引领教学板块的重点问题，激发学生的思考兴趣。核心问题的特点是：有较强的思考性；和教学目标紧密联系；贴近学生最近发展区，有话可谈；构成层层递进的问题链；问题可以是理论思辨的，也可以是热点探究，最好是有材料背景，更能激发学生的思考。

开放多层设计策略：问题设计的开放性是指问题设计的正确答案可以不是唯一的，可以从多角度、多方面进行思考，这样的问题设计可以吸引学生不依赖于教师、不依赖于书本，独立地去探索和发现问题各种各样的答案，使课堂变得生动有活力，学生的思维可以更加活跃和宽广。设计开放性问题应考虑到学生的知识水平，让不同层次的学生能多层次、多角度地进行探索分析，调动全体学生的探究热情；问题设计的内容不仅为学生所熟悉，还可以涉及日常生活与其他学科内容；答案或解答要体现多样性和探索性，要求学生将所学知识融会贯通，善于通过多渠道来解决问题，发表自己的独特见解，改变学生只要记忆就能解决问题的想法，调动学生追求成功的潜在动机。

3.关于深度学习的探究：深度学习是本研究的另一个关键词。核心素养培养理念观照下的深度学习是本研究课堂教学成功的关键。促进学习的深度进行可以从以下方面进行：

培养创造性策略。在知识习得的过程中，创造性是深度学习的思维特质。思想政治课主题教学所要培养的创造性是基于学科知识的高度综合，是多角度多方位分析和认识各种社会现象和观点的全视角，并进而形成的根据所学知识提出的建设性建议。

强化综合性策略。综合不是部分之和，而是一种内在的有机统一，是一种跨学段和跨教材的综合。中学思想政治包括经济、哲学、政治、文化等方面，既有西方的，也有东方的，既有资本主义，也有社会主义。从时空上追溯综合，让学生了解全貌，有助于把握知识的核心，打开学生的思维认知。

实现结构性策略。知识的保持和理解需要建立在知识结构的基础上，知识的迁移和创新同样离不开结构化的知识优化。思维导图是培养学生自我对知识进行整理，让学生在对所学知识的系统化过程中，不断完成对知识的内化。这不仅是防止碎片化学习，让学习由浅入深的过程，也是一种对知识的独特创作过程。课堂上刻意的思维导图训练可以引导学生对知识进行及时的梳理和重组。

（本文2021年9月获江苏省"行知杯"论文大赛一等奖）

政治课主题教学师生同构共生的本质探寻

"为人在世，可贵者在于发展，在于发展个人天赋的内在力量，使其经过锻炼，使人能尽其才。"政治课主题教学师生发展同构共生强调从教育者和被教育者的关系出发，通过运用各种策略，协调双方关系，整合各种教育资源，进而形成一个最优化的外部环境系统，放大互动的正效应，促进各自潜能的自我开发和知情意行的协调运行，最终实现师生双方的合作发展、共同发展、和谐发展。以下就其本质试作探寻。

"教育是一种人类道德、科学、技术、知识储备、精神境界的传承和提升行为，也是人类文明的传递。"从这个意义出发，"教育的本质属性是一种影响，一种积极的影响，一种对人类认识和改造客观世界及自身的积极的影响"。"政治课主题教学师生发展同构共生"的本质探寻基于这种"积极的影响"。

一、从影响的动因看，是主动和推动的辩证统一

辩证唯物主义认为，事物自身包含着既对立又统一的关系。任何事物都是作为矛盾统一体而存在的，矛盾是事物发展的源泉和动力。在事物发展过程中，矛盾双方在一定条件下相互依存，一方的存在以另一方的存在为前提，双方共处于一个统一体中；另一方面，矛盾着的双方，依据一定的条件，各向自己相反的方向转化。政治课主题教学中，教师、学生作为教育活动的共同参加者，教与学、师与生在教学过程中有着本质的联系，二者相互依存、相互影响，互为内外因素。教与学是互为影响，教师的教不断影响学生的学和学生个性发展，教师自能发展必然促进学生自能发展；学生的学也在不断影响教师的教，学生自能发展又反作用于教师自能发展，双方有效融合、形成互动，加速实现师生共同发展。

思政课要落实立德树人的根本任务，不断增强思政课的思想性、理论性和亲和力、针对性，教学过程不能简单粗暴地说教。具体到思政课主题教学过程中，教师首先是主动影响者，教师以自身的教育行为促使学生

自身不断发生变化，实现教育的目标。教师对学生是"导"是"引"，是"一朵云推动另一朵云"，是"一棵树摇动另一棵树"。但在这一过程中，教师的影响不是单向的静态的，而是复杂的动态的。教育任务的实施与完成不是机械地进行的，是结合教育者的变化过程所反馈的信息不断调整的。作为自己教学反馈的客体，学生也在促进、检验着教师的教，每一位合格的教师都应该认识到这一点，并自觉地调控自己的教育行为。从这个意义上说，教师同时也是被影响者。

作为一种学习活动，学生首先是被影响者，是受教育者。在现有普遍的思政课堂中，学生的学习活动是受教师影响控制的。没有教师的针对性引导设计和评价，学生的学习难以纠正与提高。但从具体的学习活动看，学习过程是学习者根据外部输入信息不断修正自己原有认知的多次反馈过程。教师通过对学生反馈信息的分析、评价得知教学的成败，看到自己教学进度的快慢，内容的深浅，方法的适合与否，从而更进一步了解学生，研究和改进教学。在这种反馈中，学习者自身的状态对学习的进程推进、目标的达成情况起着决定性的作用。由于这种反馈直接作用到施教者的教育任务，引起其教育计划和教育行为、手段作出相应的变化，从这个意义上说，学生同时也是主动影响者。

二、从影响的过程看，是尊重和要求的内在协调

"永远是尽量多地要求一个人，也要尽可能尊重一个人。实在说，在我们的辩证法里，这两者是一个东西；对我们所不尊重的人，不可能提出更多的要求。当我们对一个人提出很多要求的时候，在这种要求里也就包含着我们对这个人的尊重，正因为我们向他提出了要求，正因为他完成了我们的要求，所以我们才尊重他。" 政治课主题教学作为一种"师生双方经过有目的、有组织地激发和引导"，这种影响的过程是互相尊重和相互要求的协调统一，师生双方的尊重和要求能够得到内在协调、相互转化和借助于彼此的否定获得更积极的成果，是共同发展同构共生关键所在。

作为"引出者"一方的教师，要实现"全面提升学生思想政治理论素养，知、情、意、行的统一" 的发展要求，其首要就是教师对学生尊重。

只有建立在尊重基础上的要求，才能激发他们的主动性，调动他们的积极性，被学生内化，从而产生真正的效用。尤其是教师的教育意图是以系统的、集中的和全体的形式进行的情况下，我们越是尊重学生，越是给他自由和机会，就越可以对他提出更高的要求，使他承担更大的责任，把自己的教育期待转化为学生的发展。

"教育孩子最要紧的目标是得到并保持孩子对你的尊敬。"作为政治课主题教学活动的"另一"参加者的学生，在现代教育理念下，在破除教师"神圣"观念后，对教师的尊重则是建立在对教师"理想期待"的要求基础上。作为精神家园的守护者，思政教师需要有良好的道德操守；作为人类文化的传播者，思政教师需要有渊博的知识见解；作为现代教育的践行者，思政教师需要人本的教育理念。越是达到或接近这些要求的教师，就越能得到学生的尊重，其自身的价值就体现得越充分，而这也就越促使教师转变观念，改变角色，提升自身素养，将学生的理想要求转为自我的发展。

三、从影响的结果看，是外显和内化的有机融合

政治课主题教学的师生自能发展是师生自主、能动、创造性地实现潜能的自我开发，促使自我独立而稳固的意识倾向和能力素质的形成。这种自能发展不仅包括各自的意识层面，而且包括行为层面。因此，师生自能发展同构共生的结果必然表现为个性化发展与多元化发展的统一、外激性发展与自省性发展的统一。这样的影响结果具有外显与内化有机融合的本质特征。

"教师是克服人类无知和恶习的大机构中的一个活跃而积极的成员，是过去历史上所有高尚而伟大的人物跟新一代人之间的中介人，是那些争取真理和幸福的人的神圣遗训的保存者，是过去和未来之间的一个活的环节。"因此，教师角色决定了教师自能发展的核心是专业能力素质的发展。具体到思政教师的专业能力素质通常包括：正确的思想政治专业素质，包括正确的政治立场、政治观点和政治品德；了解学生，从学生的实际出发，有针对性的施教能力；合理的教育方案的设计能力和现代教育手

段运用的能力；不断获取新知识以适应时代和教育发展要求的再学习能力；善于反思教育行为并进行探索、提升和创新的研究能力等。这种基于教育实践工作的能力素质，是教师自能发展的外在表现，有利于帮助教师有效地解决教育实践工作中的问题，完成教育任务。"自能发展同构共生"不仅促使教师提升专业能力素质，更重要地体现在激发教师"自我发展、自我实现"的内在需求。作为支撑教师持续发展的原动力，这种内在需求是教师内省的自我认知和自我要求，是教师对宏观教育环境和微观教学实践反思后的积极进取，是"影响"内化的结果。

同样的道理，学生的自能发展效果一方面外显为"自探、自悟"的信息整合能力、批判性思维、创造性思维的学习能力，自我反思自我管理解决问题的生存和发展的能力；另一方面，学生在教育过程中因内在动机的激发，形成学习需要的深层动机，从而"自主地、能动地、创造性地实现自我身心连续不断的积极变化，促进自我独立而稳固的意识倾向"的形成，这是学生主体自我内化的表现。

巴尔扎克说过："打开一切科学的钥匙都毫无异议地是问号，我们大部分的伟大发现都应当归功于'如何'。"作为一种现代教育理念，"政治课主题教学师生自能发展同构共生"是"和谐教育"的实践尝试，影响着师生个人的未来，关系着和谐社会的建设，值得我们为之不懈地努力。

（本文刊登在《现代教育报》2009年5月8日）

打造深度学习的新课堂

新一轮基础教育课程改革，提倡以弘扬人的主体性、能动性、独立性为宗旨的自主学习。课堂教学不是简单的知识学习过程，它是学生知识建构、培养关键能力、形成核心素养的过程，是师生共同成长的生命历程，它五彩斑斓，生机勃勃，活力无限。政治课堂教学摒弃单纯注重知识的传授，转变为引导学生学会学习、学会生存、学会做人，学习过程从浅表学习进阶深度学习。因此，进行主题式教学，构建新的课堂成为实践新课程理念，实现学生的自能发展的自然选择。

一、新设计——以学定教，动态生成，让学生自主

教育学家苏霍姆林斯基认为："教育的技巧并不在于能预见到课的所有细节，在于根据当时的具体情况，巧妙地在学生不知不觉中做出相应的变动。"

政治课主题教学是一种复杂的活动，教师无疑应当认真地作好教学设计，以保证课堂运作的有效进行。但一些传统的教学设计往往更多地考虑教师自己怎样上这节课，怎样教得方便，教得精彩，教得舒畅，而很少有人把自己当成学生来进行换位思考，怎样学得积极，学得主动，学得有滋有味。在教学时，教师主要是沿着自己的思路去引领学生，往往以自己的教学愿望将学生巧妙地带入自己设计的"陷阱"，很少有人考虑到学生的情绪和感受，课堂教学静如止水。这种现象不得不让我们重视审视我们的政治教学，因为教学本身是围绕学习展开的，主题式教学应以学习者即学生作为焦点，而学生作为一种活生生的个体，带着自己的知识、经验、思考、兴趣参与课堂活动，课堂必定呈现多变性、丰富性、复杂性，课堂是生动可变的而非一潭死水。因此，课堂设计必须以学定教，动态生成，重

视学生在学习过程中的主体地位，关注学生的自主建构，相信学生，让学生使用学到的知识技能和方法来充分地开展自主学习，把学生置于教学的出发点和核心地位，应学生而动，课堂才能焕发出勃勃生机，呈现出一道优美、流动的风景线。

当然，课堂上，教师依据学生的学习心理、情感知识的需要作出了富有创意的调整，它或许打乱了教师的固有教学思路，造成了一些与自己预设的差异，可能因始料不及、意料之外，使得教师的应对欠精致和科学；或许合作学习时学生的提问并非本节课的重点，甚至与本课内容毫无关联，但这一切又都成为一种新的可供开发的教育资源，并通过引导学生开展探究而产生积极的学习效应。这样的主题教学课堂，学生的积极性被唤醒，智慧被点燃，情感被激发，创造性得到最大限度的发挥，学生的自能得以发展。

二、新关系——民主平等，亦师亦生，还学生自然

"天地君亲师"，受几千年师道尊严封建思想影响，教师在课堂上总把自己当作真理的化身、道德的权威，因而课堂教学过程中喜欢居高临下地传授知识，造成了大量考问式的课堂和独白式的课堂。教师比较喜欢把教学内容演化为提问考问学生，让他们亦步亦趋地应答，漫无边际地猜答；甚至有的老师一味地讲解教学内容，将知识单向传递给学生，学生的话语权被剥夺，课堂上"万马齐喑"。本应是交互式的和谐的师生关系，演变为封建的师尊生卑关系，学生在教学活动中不能有效地摆脱情感的桎梏，当然不能达至思想的自由王国。

哲者云"亲其师而信其道"。事实上，主题式教学过程中需要师生、生生合作，要在教学过程中实现师生发展同构共生，离开了师生之间良好的情感互动，很难想象学生会喜欢老师，进而觉得学习是快乐的，因此也无从谈起学生对知识的再认识和再创造，达成深度学习的目标。和谐的师生关系的产生首先来自教师民主的教学理念，在课堂上充分尊重学生的主体意识，真正地把学生当作学习的主人，教师是为学生的知识认知、发现、再创造提供导师、辅导员等服务性工作的，要克服传统的等级观念，

树立师生之间人格的平等；其次在教学过程中教师要努力营造开放的怡情氛围，教师的表情要始终洋溢着热情，不能一副冷若冰霜的样子，让学生望而生畏，不敢亲近，则师生间思维的碰撞也就无从谈起。苏联教育家苏霍姆林斯基说过："每个儿童都是带着想学好的愿望来上学的，这种愿望像一颗耀眼的火星，照亮着儿童所关切和操心的情感世界。"如果这种愿望没有适宜的热情和温度，其情感的天空必然乌云密布，求知的欲望自然消失，更遑论自我的发展了。

因此，主题教学过程中，教师应营造宽松、和谐、民主的教学氛围，巧妙引入话题，提示学习方法，密切关注学生，和学生轻声交流想法，倾听学生的心声，激发学生畅所欲言，抒发己见。讨论中教师以片言只语，以一举手、一投足、一个眼神，或点拨引领，启迪心智；或以情生情，唤醒需要；或概括精要，提升认识；或激情评价，培植自信。在平等对话的场景中建构知识、提升能力、生成方法、催发情感……使教学目标得到整合、生成，素养得到全面提高。

三、新内容——心智一体，提升道德，利学生自育

政治课程改革要求："办好思政课，要放在世界百年未有之大变局、党和国家事业发展全局中来看待，要从坚持和发展中国特色社会主义、建设社会主义现代化强国、实现中华民族伟大复兴的高度来对待。"强调政治课堂要培养学生积极主动的学习态度，在获得基础知识的同时让学生学会学习，坚持守正和创新相统一，落实新时代思政课改革创新要求，不断增强思政课的思想性、理论性和亲和力、针对性，形成正确的价值观。现代社会信息更新飞速，思政教育的目标更多表现为对关键能力核心素养的培养和思想品德的铸造。因此政治课主题教学的内容要更多关注学生的自我学习能力、独特的情感体验，关注学生的道德生活和人格养成。

苏霍姆林斯基认为："培养全面发展的、和谐的个性的过程就在于：教育者在关心人的每一个方面、特征完善的同时，任何时候也不要忽略人的每一个方面和特征的和谐，都是由某种主导的、首要的东西所决定的……在这个和谐里起决定作用的、主导的成分是道德。"而传统教学内

容重视智育，更多关注学生的知识接受能力和接受程度，但很少涉及心育，严重缺乏对个体成长的心理研究，不能把学生这一具体的独特的活生生的人的身心健康作为教育的研究对象，利用学校教育的有利条件把学生培养成有教养的人、自尊自信的人，因而在实际教学活动中便产生出许多禁不起挫折，缺乏良好社会适应能力的高分低能的学生，实现不了"全面提升学生思想政治理论素养，实现知、情、意、行的统一"的思政教育目标。因此，政治课主题教学应从内容上有更多从心理角度关心、理解、帮助、培育学生的素材，使他们具有良好的心灵修养、心灵状态、心灵品质，从而使学生更好地适应现代社会发展的需要和个人发展的需要，实现学生的人格的完整发展。

"志立则学从之，故才日益而聪明日盛，成乎富有；志之笃，则气从其志以不倦而日新。"在政治课堂主题教学中重视学生的道德品质培养，则为学生的自我教育、自我发展提供了原动力。

只要我们在主题教学的课堂里不断耕耘，努力实践新课程改革的理念，努力为学生的深度学习和自能发展创造良好的空间，必能引导学生立德成人、立志成才，把爱国情、强国志、报国行自觉融入坚持和发展中国特色社会主义事业、建设社会主义现代化强国、实现中华民族伟大复兴的奋斗之中。

（本文刊登在《教育研究与评论》2017年11期）

深度学习的课堂模式建构

深度学习是教育适应新时代发展要求的必然结果。教师、学生作为教学活动的参加者，二者相互依存、相互影响。在教育活动中，教师的发展必然促进学生的发展，学生的发展又反作用于教师的发展。教育实施的主要环节是课堂教学，深度学习的效果很大程度上取决于课堂教学模式的建构与实施。基于此，我们认为"预学、探究、提升"课堂模式可以有效地确立学生的主体地位，学生深度参与学习过程并能迁移应用，形成和谐统一的教育生态。

所谓"预学、探究、提升"，是指在和谐的课堂系统内，学生由外控学习走向内控学习，学生主体进行充分的创造性学习，由同质化学习走向个性化学习，由传承知识的学习走向创新知识的学习。在这一活动中，师生交流合作，同质互激，异质互补，各展其能，共同发展。其完整的表述为"自主预学、合作探究、反思提升"。

一 、自主预学

古人云："凡事预则立，不预则废。"这句话告诉我们做任何一件事情，都要事先计划，盘算，然后去做，这样事情才有可能成功，课堂教学亦是如此。因此，完整的课堂教学模式架构首先是自主预学。预学重点是学生的自主预学，这完全符合了当前新课程改革就是要解决学生在"自主、合作、探究"中的深度学习问题。钱三强教授说过："自学是一生中最好的学习方法。"自主预学是自己能动地独立地接触新知、自主阅读、自我思考，长期坚持预习的学生，深度学习自然发生。他们的阅读速度快，思维敏捷，对于新知识善于进行分析综合、归纳演绎、抽象概括和比较归类等，能比较快地发现问题和抓住问题的本质。这种独立获取知识的能力一旦形成，就可以极大地促进学习效率的提高，可以养成终身学习的习惯，受益一生。我们的自主预学通常包括这样一些基本元素：

1. 资料搜集

心理学家皮亚杰认为："儿童是有主动性的人，他们的活动受兴趣和需要的支配，一切有效活动必须以某种兴趣作为先决条件。"预学内容相关资料的搜集有利于帮助学生了解相关学习知识产生的背景，激发学生探究活动的兴趣。同时预学资料的收集可以作为学生构建所学知识的基础。收集资料自身就是一个学习的过程，学生通过收集资料，了解能获得信息和知识的途径，以及对信息与所学内容关系疏近的筛选，本身具有探究性。对于自己收集来的资料学生会珍惜并乐于探究，这就为课中的探究活动奠定良好的知识基础。

预学内容资料的搜集主要包括所学知识背景、时事背景、人物背景、关联背景和历史背景，其素材有文字素材、图片素材、文化素材和视频素材等。

2. 文本预学

深度学习的过程是学生对知识的建构过程。预学文本，是学生以自己的经验，对所学文本（教材）进行阅读、感知的活动。师生的观念、经验、知识储备等差异导致师生对文本的阅读有着巨大的差异，如果只有课中学生认真听取教师的讲解，忽视学生本身对文本的理解，客观上教师的教学难以与学生的"最近发展区"对接，影响学生对知识的认知建构，主观上容易扼杀学生的灵性与创造性，不能形成深度学习，久而久之，学生自然成了学习的容器。

课程改革要求教师的教是为了学生的学，要以学定教。因此在课前应该充分引导学生对文本先行阅读，或者带着老师设计的导读问题阅读，也可以完全让学生独立阅读，根据自身的认知、经验、能力来对文本进行感悟，然后教师以此为基础开展课中教学，不仅体现了"学生中心"的课改要求，尊重了学生的独特感悟，利于从学生的知识最近发展区入手，更有利于培养学生的阅读与思考习惯，有利于自悟与自得。

3. 问题初想

高阶思维是深度学习的重要特征。学贵有疑，没有问题就没有进步。可见，教育要让人学会怀疑，独立思考和大胆怀疑是创新之路。我们的自主预学不能缺少学生的问题初想。

初想的问题可以是新知与旧知的关系问题、可以是将来课中要探究的问题，但我们更倾向于学生养成对所学文本思考这样一些问题：是什么、为什么、怎么样、何时、何地、何人、共性的、差异的等等。类似的问题可以不断强化学生的问题意识，让学生带着问题进课堂，在合作、对话、互动中解决旧问题，生成新问题。

自主预学一方面可以强化学生的学习动机，突出学生自我在学习中的地位与作用，打好学生课堂注意的基础，促进学生自悟；另一方面教师可以在预学提问中掌握学生的疑难信息和兴趣点，利于教师自我设计的及时调整和自我选择的有的放矢。

二、合作探究

苏霍姆林斯基说过："人的内心有一种根深蒂固的需求——总感觉自己是发现者、研究者、探索者。"建构主义理论也认为："知识是学习者在适应环境的过程中主动建构的。学习是意义的生成过程。"这正是深度学习的本质特征。

从这些观点来看，主题教学不仅要提供信息和检查学生是否已掌握教师提供的信息，而且还要创设学生能主动参与学习活动的各种情境，通过这些活动使学生获得自己个体意义的建构。因此，"预学、探究、提升"模式的核心是合作探究，即通过（生生、师生）合作，引领学生自主建构知识。一方面，教师需要根据教学需要，结合学生实际，精心设计教学情境和学习问题，通过情境引导，促进学生在类似实际的情境中解决问题，自主建构知识体系；另一方面，师生对话，了解学生的原有经验和建构状况，合理利用学生在课堂中新生成的课程资源，引导学生建构正确的知识。因此，我们的"课中合作探究"的基本要素如下。

1. 成果展示

深度学习的特征之一是学生学习有深层动机。马斯洛认为："人的需要都有轻重层次，某一层需要得到满足之后，另一层需要才出现。在特定的时刻，人的一切需要如果都未能得到满足，那么满足最主要的需要就比满足其他需要更迫切。"他把人的需求划分为五级：生理的需要、安全的需要、感情的需要、尊重的需要、自我实现的需要。尊重与自我实现是人的高级需求，它的迫切需要是激励人们行动的最强大动力。课堂是学生的舞台，他们在课堂上可以充分地展示自我，就是满足学生的尊重和自我实现的需求，可以最大限度地激励他们在课堂探究活动中自我主动建构新知。

成果展示的内容可以是预学搜集资料的展示，既可以启开新课，又可以检查学生的课前准备；可以是学生问题展示，促进学生的个体创新转化为群体创新，促进创新能力形成；也可以是合作学习展示，培养学生学会倾听，学会相互接纳、赞赏、分享。成果展示有利于学生的学习方式的本质转变。展示能促进学生积极主动完成任务，调动学生参与学习和展示的积极性。展示中会暴露学生学习中存在的问题或认知缺陷，生成新的课堂问题，利于收集学习信息并形成新的课堂教学资源。展示能让学生得到成功的体验。

2. 情景探究

深度学习的发生需要学生有切身的体验。将教学内容情景化是我们这一模式的主要特点。情景设计要最接近学生的生活体验，最易调动他们的全部感受力和经验。这就要求教师首先要充分发挥自身的知识归纳与分解的能力、材料编辑与解读的能力来对教育资源进行整合，融知识于情景，做到知识情景化，然后再提炼材料，将情景内容问题化。这一模式有利于促进教师的教育情景意识形成，提升教师解读文本、把握学生实际、整合资源等多方面的素质。

教学情景的创设可分为提供具体活动的场景和提供学习资源两类。前者借助环境氛围、动作表演等使学习内容与相应的情景相结合，有助于学生从整体结构上感知和把握学习内容。后者指提供丰富的学习资料、学习资源和自主化、协作化的学习环境。一般而言，创设真实情景，要充分利用多媒体技术进行生动的社会文化与自然情景的创设，但也不能为技术而技术，冲淡情景探究的主题。如现场辩论、学习小组比赛等情景活动的组织完全可以在无技术状态下进行。

3. 生成创新

课堂教学中，预设与生成是辩证的对立统一体，课堂教学既需要情景与问题的预设，也需要激情与智慧的生成，预设与生成是课堂教学的两翼，缺一不可。预设体现对教师、对文本的尊重，生成体现对学生、对师生关系的尊重，两者具有互补性。因此，我们的合作探究设计需要有留白的空间，以便在目标实施时能宽容地、开放地纳入始料未及的"生成"。使课堂教学因预设而有序，因生成而精彩，实现师生共赢。

华东师范大学钟启泉教授说过："课堂教学应该关注在生长、成长中的人的整个生命。对智慧没有挑战性的课堂教学是不具有生成性的；没有生命气息的课堂也不具有生成性。从生命的高度来看，每一节课都是不可重复的激情与智慧综合生成过程。"学生作为一种活生生的力量，带着自己的经验、知识、思考、灵感、兴致参与课堂教学，并成为课堂教学不可分割的一部分，必然使课堂教学呈现出丰富性、复杂性和多变性。因此在师生互动与对话时、在情景探究中、在学生成果展示时，我们的课堂设计要留有适当的时间和空间来容纳随机的思维火花，使师生发展互相促进，相得益彰。

合作探究强调了学生的参与性，满足了学生探索与发现的精神需求，注重了学生对知识的自我认知与感受，促进了学生深度学习的发生。

三、反思提升

高阶思维包括批判性思维和创造性思维。"学然后知不足，教然后知困。"因此，我们认为，反思提升是让学生学会自我小结自我消化、发现问题提出问题解决问题的主动发展过程。它应包括如下元素。

1. 小结反思

反思之于教师，要注意倾听学生对这节课的评价，采撷学生思维的"火花"，实现教学相长。因为学生的学习过程，是一个积极的认知过程，在课堂教学中，常有这种情况出现，有时学生在课堂上会提出独到的见解和新鲜的问题，迸发出思维的火花，给课堂增添异彩，有时学生对问题的分析理解，甚至优于教师预先设想的方案。教师认真研究教学教案设计中"留白"处学生的反思信息，从中找出成功与不足，利于教师课堂教学不断优化成熟；同时还可以具体了解学生学习的个体差异，有利于个别辅导和集体解惑。

更为重要也更容易忽视的是学生反思。学生更应在反思中提升自己，通过再现课堂基本知识体系和总结知识内在逻辑，完成所学知识的个性改造；还可以把课堂教学中出现的问题变成信息，暂时储存，以便与同学共同研究或与老师进行探讨，更好地达成自己对课堂教学的主动求知目标；更重要的是在反思中形成对知识的重构，产生知识的迁移，促进他们把课堂中的知识应用于实际，做到学以致用。

2. 阶梯训练

课堂训练是形成和巩固学生认知结构的过程，进行有针对性的、适合课堂教学内容、结合学生的认识水平的阶梯训练，是让学生掌握知识、形成技能、发展能力的重要手段。阶梯训练即依据学生认知水平、思维能力的差异而展开的有针对性的训练。恰当的目标不仅能激发学生兴趣，而且有利于挖掘学生潜力，使其创造性地完成学习任务。阶梯训练设计有助于提高教师问题研究能力和逻辑思考能力，减轻学生负担，促进学生个性发展。

阶梯训练设计就是思维阶梯训练，要求"不同学生，不同练习"。让不同基础的学生实行"自由选择"，从而进行有针对性的训练。首先，应把练习设计成达标训练、综合训练、发展训练。达标训练由与教学内容相关的基础题及难度稍大的习题组成，要求全员完成；综合训练是在练习中理解、巩固所学知识的训练，要求选择性完成；发展训练重点是知识迁移创新，在探索中发展提高的训练，强调学有余力的完成。阶梯训练设计也可以"同一训练，不同要求"。把统一的训练变为不同要求的训练，让不同层次的学生各有自己的训练目标，充分调动各类学生的潜能，以期达成"你到达目的地，我也到达目的地"，促使每个学生都有自我发展的机会，都有成功的体验。进而激发学生的主观能动性，提高教学效果。

阶梯训练为学生的创新学习提供了广阔的思维空间，满足了不同学生的需要，使每一个学生都能获得求知的欲望和学习成功的喜悦，实现各自的自由，达到多层次学习优化的目的，真正体现了以人为本。

3. 课后拓展

课程改革的课程资源观要求开发和利用社会各种课程资源，包括社区与自然中的课程资源，大学或科研机构中的课程资源，社会文化设施与机构，博物馆、文化馆、图书馆、科技馆中的课程资源。因此，要实现爱护和培养学生的好奇心、求知欲，帮助学生自主学习、独立思考，保护学生的探索精神、创新思维的目标，完整的课堂活动自然不能只是45分钟的课上学习活动，课后拓展自然是我们课堂模式的重要组成部分。传统的课后拓展主要是把习题等内容交给学生，然后进行检查与批改。这种课后拓展把课后拓展的内涵窄化为"留作业＋批作业"，限制了学生独立思考、自主学习、探究学习的机会与空间，不利于学生分析问题和解决问题能力的培养，不利于学生的深度思考。新课程理念下的课后拓展强调课堂教学内容的延伸，是学生学习活动的延续，是学生学习方式的转换，是学习环境的拓展。

我们的课后拓展包括内容拓展和时空拓展。内容拓展是指在教师的引导下，学生自主地学习与教学内容相关的课外知识，开阔眼界，把握潮流，提高分析问题，解决问题的能力。学习的目的不是被动地接受，而是学以致用。现有教材上的有些内容，距离学生现实生活远，教学难度大；有些内容偏重理论，学生在理解上有难度。通过拓展内容的学习，延伸知识链，增加知识量，有利于减少教学难度，激发学生的学习兴趣。时空拓展是指一节课的结束并不意味着一个教学过程的终结，而是新的学习的起点。学习不仅要走进书本更要走出书本，注重对所学知识的迁移能力，通过对书本知识的掌握解决现实生活中的一些实际问题。从形式上看，对一些有争论的议题可以在课后继续深入探讨，对一些实践性问题必须进行实地调研，对一些热点话题还要密切关注其最新进展。

总之，"预学、探究、提升"的课堂模式是新课程改革下学生学习的新视角，力图还权于学生，激发学生认知的内驱力，实现学生深度学习，走向更好的未来。

（本文刊登在《现代中小学教育》2010年11期）

第一模块　内涵价值

政治课主题教学模式建构

——以《新时代的劳动者》课堂教学为例

一、操作流程一般建构

1. 核心知识的界定

布鲁纳认为：所掌握的知识越基础、越概括，对新学习的适应性就越广泛；用基本的、一般的观念来不断扩大和加深知识，应当成为教育过程的核心。所谓核心知识，是指那些适用范围广，自我生长和迁移能力强的基础知识，它们在课程教材中处于重要的、不可或缺的基础地位，具有内在逻辑的连贯性和一致性。对这一知识的提炼和把握，需要教师充分发挥自身的专业素养，在充分正确解读《思想政治课程标准》和《江苏省思想政治考试说明》的基础上，对书本知识进行整合加工。其重要参考依据，具体到《新时代的劳动者》，"就业"是本课的题眼，"正确的就业观"是本课的核心知识。以此为中心，衍生出"劳动的意义""就业的必要性""就业难的原因""党和政府的措施""劳动者的权益""维护劳动者权益的途径"等相关知识。确定好这一核心，围绕就业问题，可以将教材整合为"为什么要就业""如何实现就业""就业后要注意什么"三部分，无论从思维的逻辑关系还是现实生活的过程，都是顺理成章的。

为引导学生自我把握这一核心知识的认识，《新时代的劳动者》"预学"的要求之一就是"通读全部内容，找出本课中心知识，并说明理由"。

实际课堂预学反馈时，学生们基本上都把"就业"作为本课的中心，在理由说明时大部分能将核心知识和相关知识说清楚。

政治教学以核心基础知识为主体，引导学生寻求一般性模式的思想和追求简洁与形式完美的精神，领悟政治的本质，做到以不变应万变，而不在细节上作过多拓展，可以起到事半功倍的教学效果，不仅有利于建构高效的课堂教学模式，也有利于学生逐步形成正确的政治观念，为学生可持续的发展打下坚实的基础。

2. 主题情景的设置

主题教学的情景设置通常蕴含大量的信息，从背景材料、政治思想到应用等各环节都包含了丰富的内容。它的选取应注意两个基本原则。一是典型原则。只有典型真实的情景才能让学生真正融入情景，在情景中体验与构建。二是探究原则。案例最好有利于多角度地呈现问题，从而提供足够的信息，帮助学生充分把握问题的背景，缩短教学情景与实际生活情景的差距，促使学生把抽象的原理、概念等具体化，实现理论到实践的转移。

《新时代的劳动者》一课，我以"睡在同一宿舍的兄弟"为背景，选取某大学电子信息专业大四某宿舍赵某、钱某、孙某、李某四人面对就业的不同表现为例。赵某家境贫寒，一心想要在五百强企业谋得一高薪职位，面对无情碰壁现实常常愤世嫉俗；钱某是个富二代，面对同一宿舍的兄弟每天的奔波一方面深表同情，另一方面认为人不应该为工作所累，应该尽享生活，不符合自己兴趣爱好的工作不要勉强；孙某父母是某县城的地方官，家里早为其内定了政府的一个事业单位，但其本人不喜欢清闲的办公室生活，一心想去做北漂；李某比较内向，不喜欢和社会上的复杂人物打交道，好不容易找了个物流送货的工作，没日没黑地刚做了一个月，就被老板以"有顾客投诉没及时送到"为由解雇了，不仅没拿到一分钱工钱，还倒贴了不少油钱，从此发誓宁愿守在宿舍开网店做个老板，也不四处寻觅去看别人的脸色。

3. 探究问题的形成

课程改革的中心环节是探究，探究源于问题。合理设计课堂问题，是促进课堂交流、优化教学进程、发展学生思维能力的重要手段。对于政治课主题教学中探究问题的设计，我们坚持两大基本原则：一是科学性原则。这是问题设计的基础性原则，即问题设计的目标明确，指向清晰，逻辑严密。杜绝不按照思维规律和政治学科规律进行的随意性设问。二是启发性原则。这是问题设计的核心原则，即问题设计要切合学生最近发展区，能够诱发学生展开思维的翅膀，让学生有话可说，有话想说，引导学生主动探索。

《新时代的劳动者》的探究问题设计为四个单元：第一单元是"想说就说：为什么要就业"。问题1："钱某不想为工作所累，只要享受"的观点你认同吗？谈谈你的理由。问题2：结合大家所议，归纳一下就业对个人和社会各有什么意义。第二单元是"请你支招：如何实现就业"。问题1：作为就业顾问，请你为赵某就业不断碰壁找找原因，并对他今后就业提出专家意见。问题2：作为家长，你怎么看孙某的选择？谈谈你的理由。问题3：作为市长，你认为当前我们的就业难在哪里？政府有何对应招法？第三单元是"关注聚焦：就业后要注意什么"。问题1：从小李的遭遇谈谈他被侵犯了哪些权利。问题2：有人说"劳动者是弱势群体，遇到这种情况只能忍"，也有人说"光脚的不怕穿鞋的，要维权就要把事情搞大"，还有人说"劳动者要维权，只能靠政府"。你认为呢？第四单元是"如果是我：模拟求职"。问题1：如果你是公司HR，请你为求职应聘人员设计两道5分钟面试题，并说明理由。问题2：如果你去应聘，写一份3分钟自我介绍。

4. 师生的合作探究

陶行知先生说过："教育是教人化人。化人者也为人所化，教育总是互相感化的。互相感化，便是互相改造。""要想做教师的人把岗位站得长久，必须使他们有机会一面教，一面学；教到老，学到老。一位进步的教师，一定是越教越要学，越学越快乐。"

在政治课主题教学中，从内容的设计到问题的探究无一不要求教师摆正自己的位置和角色，走出传统误区，构建新的教学结构，改进教学方法，和学生一道学，在学中教，在教中学，引导学生的发展，最终实现教学相长。

《新时代的劳动者》的探究活动，以学生4—6人为一小组进行探究，老师及时掌握各小组进程，随机加入讨论，及时汇总探究结果并进行展示，最终形成研究成果。一方面学生相关知识的习得都是在生生、师生相互的交流中进行，探究的过程也是理解和把握的过程；另一方面老师角色自然转化为学生学习的促进者，变"给学生压力"为"给学生动力"，做学生学习的同伴与合作者。

二、主要注意点

1. 主题教学不是案例教学

不能将主题教学操作成案例教学。所谓案例教学，就是在教师的指导下，根据教学目的要求，组织学生对案例的调查、阅读、思考、分析、讨论和交流等活动，教给他们分析问题和解决问题的方法或道理，进而提高分析问题和解决问题的能力，加深学生对基本原理和概念的理解的一种特定的教学方法。虽然二者都要通过一定的事例来说明一定的道理，都是为一定的教学目的服务的，都凸显学生在教学活动中的主体地位，但二者的区别明显：（1）师生关系不同。案例教学是组织学生进行自我学习、锻炼能力的一种手段，学生属于主要地位，教师属于从属地位；而主题教学一方面强调学生的主体地位，另一方面也强调教师的主导作用，师生双方共同探究。（2）事例属性不同。案例所描述的事件基本上都是真实完整的，不加入编写者的评论和分析，由案例的真实性决定了案例教学的真实性，学生根据自己所学的知识，主动进行分析判断，得出自己的结论；而主题教学中的案例则是根据书本知识和实践结合而形成的带有典型性的事例，具有一定的代表性，更多体现选择性、综合性而非真实性。（3）教学目的不同。案例教学是把学生放在实际的环境中，让其通过对周围环境和事件本身的分析、讨论、交流，作出正确的判断和决策，提高分析问题和解决问题的能力；而主题教学则是师生围绕情景，共同进行问题探究，完成对知识的深入理解和迁移。

2. 主题教学不是举例教学

举例教学是政治课教学中的常用方法，尤其在涉及一些难以理解的概念和原理时，通常要借助事例来帮助进行通俗易懂的理解。它与主题教学虽然都有事例，事例的选择具有主观选择性，但两者的区别也显而易见：（1）举例作用不同。举例教学中的事例在一般教学活动中帮助理解书本疑难问题和重要概念，起辅助作用；而主题教学中的事例作为整个教学过程的情景，是相关探究问题和核心知识的载体，贯穿教学全过程，具有不可替代的重要地位。（2）事例结构不同。举例教学是辅助教师说明问题的一种手段，其事例因教学内容的变化而变化，是零散的；而主题教学的事例作为教学的整体情景，其设计是系统的。（3）涵盖范围不同。前者更多为一事一例，事例对应精准单一；后者具有开放性、完整性、典型性等特点，涵盖范围更为广泛。

（本文刊登在《中学政治教学参考》2013年4期）

中学共生文化建设视域下的主题教学特点

中学共生文化建设旨在创设符合人性的生态化教育，在共生文化视域下的主题教学应该有着和谐、民主的教育教学环境，师生两者间是互主体性关系，通过对话互动的形式实现知识相通、情感相融，在师生学习、生活、交往中，获得发展的不仅仅只有学生，还包括老师。

一、"亲师取友"——更多尊重，更多关爱

"学而时习之，不亦说乎！有朋自远方来，不亦乐乎！"孔子时期就有"亲师、取友"的教育主张，在《学记》中更是将其作为学程的重要内容，"一年视离经辨志，三年视敬业乐群，五年视博习亲师，七年视论学取友，谓之小成。"所以亲师和取友是学有所成不可或缺的条件，"亲师取友"也是中学共生文化建设视域下的一大教育特点。"亲师取友"意味着亦师亦友，意味着平等互助，意味着生生和谐。

放眼当今社会，每个人都有其各自的位置，受世人注目的程度不一，虽说公民人人平等，不过我们不可否认还是存在着"等级"的划分，不过在共生文化建设下的学校必然是一方净土，教师无论社会地位与他人相比或高或低，但是面对自己的学生，都是平等的。共生文化建设下的主题教学强调师生共同成长，思政教师在学生面前不再是知识的垄断者，从某种意义上说，老师和学生之间已没有严格的界限，在课堂上、课堂外的师生学习、生活、交往中，师生是相互平等的关系，唯有平等地对话与交往，才能实现地位上的真正平等，教师才能感受到学生真实的情感、想法和需要，只有平等地对待学生、关心学生、学生才会信任我们老师，才不会认为我们在将自己的意志强加给他们，学生会更乐意接纳我们给予的建议、忠告，更乐于倾听我们的课堂讲学，更乐于与我们课后交心、交流。

第一模块　内涵价值

民主、平等的师生关系，意味着对个性的尊重，对个体权利的尊重。尊重个体的教育，不仅仅是使儿童免受伤害（这当然是起码的，必不可少的），更是要创造良好的教育环境和教育氛围，使他们能"自由地享有生存与发展的权利、选择与判断的权利、理解与表达的权利、创造的权利，在教育中获得快乐与幸福的权利"。

民主、平等的师生关系，意味着淡化师生在教育中彼此的身份意识，双方都是真实的、活生生有自身思想与情感的人，在教育、交往的过程中人格平等，将全部的真实的情感投入到对知识、问题的研讨之中。教师平等地看待每一个学生，采取民主的教学方法。"盍各言尔志"，当学生在学习中有所得时，应不吝褒奖，要鼓励和要求学生"当仁不让于师"，提倡在"真理面前，人人平等"的教育主张，切忌凭经验教育、教学，自以为是。

当然，民主、平等并不意味不尊师重教，相反，我们倡导民主、平等是因为我们教师有足够的自信和人格魅力在交往过程中展示与流露，真实的情感和性格，真切的关怀，必将受到学生更多的理解与尊重。

在共生文化建设视域，主题教学过程中，师生有着共同的社会理想目标以及相近的旨趣——建构和谐之道，师生通过日常实际生活中的真正交往，相互维系，"仁"与"礼"统摄了师生之间的关系，在相互交往中相互鼓励、相互促进，借助于真实的师生交往、生生交往促进师生的人格趋于和谐，最终实现至善完美的人生鸿鹄之志——老师成为名师，学生成为高材。

和谐的学习、生活环境，我们应该要求学生在与他人（尤其是其他学生）的交往过程中能一秉仁心，充分展现自己内在的德性，在自己观点正确时，要敢于坚持，从更有利于提升自己和他人的知识和情感合宜、合适的要求出发，提出有个性、不尽相同的见解，在思想交流和碰撞中促进整体素养和谐发展，当然，在课堂上也要强调"君子周而不比"，强调生生团结共处，共生共荣。

实践经验表明，学生一旦理解、信任老师，会由内心出发关心教师，勇于批评我们教育、教学过程中的不足，提出自己的观点、见解和思想，有些看似奇异，却是教师将丰富的阅历传递给了学生，学生也把阳光、快乐和希望分享给了我们。

二、"教学相长"——和而不同，共生共荣

共生文化视域下的政治课主题教学是教师将学生视作完整的、具有独立个性的人，通过师生互动、交往帮助学生的知、情、意、行获得充分的发展，实现四者的统一；学生通过学习与受教育的过程理解人类历史的生活经验和生活方式，并迁移到现实生活之中，思考生活的价值取向，形成正确的人生观、价值观。

教师在教育教学活动中，眼里不只是知识，还有学生，将自己所拥有的包括知识在内的完整的人格、素养展现在学生面前，指导学生学习知识、理解世界与生活，当然在交往的过程中也了解了学生的情感、态度和价值观。教师在传知识、通情感的过程中自己的交往能力与智慧得到升华，观千人而变为智者。

"真正的教育乃是心灵的教育，心灵的美善、和谐是教育的旨归；真正的教育是个体人格的养成，是人格的独立性、丰富性和整体人格精神的确立；真正的教育乃是人类文化精神的薪火相传，是文化精神对个体心灵的涵化，真正的教育是对个体人生的意义引导，是全面生活经验的获得与人生价值的孕育：真正的教育是基于对个体人性充分信任之上的对个体人的激励、阐扬、引导，是人性丰富性的全面化教育与养成。"

共生文化视域下的主题教学实现的教学相长是师生共生共长。"对于学生而言，课堂教学是学生学校生活的最基本的部分，它的质量，直接影响当前及今后的多方面发展和成长；对于教师而言，课堂教学是其职业生活的最基本的构成部分，它的质量，直接影响教师对职业的感受、态度和专业水平的发展、生命价值的体现。总之，课堂教学对于参与者都具有个体生命价值。"

共生文化视域下的主题教学实现的教学相长是学生在其发展区内获得最大化的发展。由于学生间存在着个体差异性，因此要实现最大化发展必须做到因材施教。共生文化建设在因材施教上采纳的是孔子的主张"视其

所以，观其所由，察其所安"。在观察、了解了学生的个性、特点、知识基础后进行有区别的教育，"'因材施教'的关键在于通过对学生准确、全面的了解，各依其长、兼据其短，帮助学生充分发挥所长，克服所短，抑或扬长避短，取得应有的进步。"共生文化视域下的主题教学强调的因材施教是新课程背景下对教育公平的真切关注，是我们推进教育公平进程、优质均衡教育的主导价值、彰显教育健康发展的关键所在。

三、"对话互动"——获得知识，生成智慧

共生文化视域下主题教学的方式主要是对话互动，理解和沟通是师生实现共同发展之根本，在此基础上"教"与"学"才具有实际意义，师生关系才能通达和融洽，教育教学活动才有可能愉快地铺开，才能促进学生发展为有知识、有文化、有情感的完整的"人"。

师生在对话、互动的过程中相互承认、相互理解，在师生交互性对话的过程中，两者是互主体性关系，"互主体性关系说明双方共同享有某种和谐、某种一致，双方共同达到理解和沟通，双方之间不是'主体—客体'关系，也不是'人—物'关系，而是人与人之间的相互承认与理解的社会性关系。"

政治课主题教学的对话教学方式要求教师相信每一位学生都有发展的潜能，通过创设多重对话形式架设学生主动建构知识的桥梁，教师在这一过程中更多的是引导者和促进者，学生才是建构知识的主体。运用学生的想法并将其作为课堂动态生成的资源。知识建构的观点强调，学生作为一种活生生的力量，带着自己的知识、经验、思考、灵感与兴致参与课堂活动，从而使课堂教学呈现出丰富性、多变性与复杂性，课堂是一个生成性的动态的过程。学生提出的问题、争论乃至错误的想法都是有价值的教学资源，这对教师与班级的其他学生都是很好的启发。教师只有善于捕捉课堂上的动态生成性资源，教学才能充满智慧。设置情境既可以让学生的直接感性材料积累得到提升，也有助于将学生的感性认识上升为理性认识。

在具体教学过程中，第一，要将情境的设置与学生的日常生活紧密相连，为现实问题的解决服务。第二，其教学过程要与解决现实问题的基本

过程大体一致。在具体的实施过程中，教师要发挥引导作用，扮演专家的角色，提出解决问题的原型，使学生在主动探索的过程中形成正确的观念。

对于一个思政教师而言，大半辈子和学生打交道，"把视线只停留在学生的身上"是共生文化建设的终极目标和内涵所在，有人说这是忘了自我，其实不然，关注学生，其实就是在关注我们自己，教育教学不只是学生在成长，同时我们教师自己的生命价值和自身发展也得到了充分的展现，教师全身心投入到教育之中，必定能与学生共同感受生命的涌动与成长，共同体验智慧的闪现和精神的丰盈。

（本文刊登在《黑龙江教育》2015年1期）

第一模块　内涵价值

主题教学要基于师生共同发展

教育的本质属性是一种影响，作为师生共同生命历程的教学活动是师生双方相互协调、相互促进、共同提高的影响过程。新时期的政治课教学要求教师必须在先进的教育理念指导下，发挥主观能动性，探索课堂教学新路，以适应学生自能发展的要求，从而实现师生的互动发展。主题教学正是基于这一目标的实践探索。

一、主题教学的模式界定

1.主题教学的内涵

主题教学是指以核心知识为主题知识，以典型案例或系列问题为主题载体，师生围绕着主题载体开展探究活动，师生双方共同在活动过程中生成和理解现实主题载体中体现的核心知识，进而形成知识迁移，实现师生共同发展的一种开放性教学。

主题教学是教与学两方直接参与，共同对案例或疑难问题进行讨论的、合作式的教学过程。一方面需要教师围绕主题去将学科内纷繁复杂的片断化的零散知识组织并整合起来，有利于提升教师把握教材、组织教材、驾驭教材的专业素养，践行新课程理念，促进新课程改革目标的实现；另一方面主题教学能创设理论与实际的自然连接，从而调动学生的兴趣，促进他们参与，发展他们的自主意识和探究的精神。这样的过程将教与学有机结合起来，师生不分你我，共同探究，有利于师生思维碰撞，思想共享，共同提高。

2.核心知识的界定

所谓核心知识，是指那些适用范围广，自我生长和迁移能力强的基础知识，它们在政治课程教材中处于重要的、不可或缺的基础地位，具有内在逻辑的连贯性和一致性。以哲学为例，"一切从实际出发"就是唯物论的一个核心知识，以此为线索，围绕着什么是"一切从实际出发"，为什么要"一切从实际出发"和怎样做到"一切从实际出发"，就可以打通整个唯物论知识之间内在的逻辑关系，逐步构建一个符合学生认知规律的唯物论核心结构体系，形成生长功能强大的认知结构，并进一步学会知识和技能自觉地从一种情境迁移到另一种情境，既减轻了学生的学业负担，又提升了学生独立获取新知识和解决问题的能力，培养了学生的科学精神和政治素养。

布鲁纳认为：所掌握的知识越基础、越概括，对新学习的适应性就越广泛；用基本的、一般的观念来不断扩大和加深知识，应当成为教育过程的核心。为我国新一轮课程改革提供经验和框架，提倡以问题解决为核心的美国，在2000年明确提出，要"平衡基本技能、概念理解和问题解决"，重新强调基础知识和基本技能的教学。从这个意义上说，政治教学应该削枝强干，突出重点，以核心基础知识为主体，引导学生寻求一般性模式的思想和追求简洁与形式完美的精神，领悟政治的本质，做到以不变应万变，而不在细节上作过多拓展。把政治核心知识的教学提升到思想方法教学的层次，使学生既掌握核心知识的具体事实和细节，又掌握核心知识的纵横联系和层次结构，理解政治思想方法的本质，可以达到事半功倍的教学效果，不仅有利于建构高效的课堂教学，也有利于学生逐步形成正确的政治观念，为学生的可持续发展打下坚实的基础。

3.案例载体的选取

主题教学的案例载体通常蕴含大量的信息，从背景材料、政治思想及应用等各环节都包含了丰富的内容。它的选取应注意两个基本原则。

真实典型原则：案例必须是真实发生的事件，必须是包括特殊情境和典型案例问题的故事。只有典型真实的情境才能让学生真正融入情境，在情境中体验与构建。否则，虚假的案例会使学生产生对知识本身的质疑，进而影响对知识的实际探究效果。

启发探究原则：案例必须是经过研究，能够引起讨论，提供分析和反思。案例最好能多角度地呈现问题，从而提供足够的信息，帮助学生充分把握问题的背景，缩短教学情景与实际生活情境的差距，促使学生把抽象的原理、概念等具体化，实现理论到实践的转移。

二、主题教学的理论基础

1.布鲁纳认知心理学

认知心理学的代表人物布鲁纳认为："要让儿童学习学科知识的基本结构，教育应促进儿童认知能力的发展。"他主张，教学的最终目标在于"促进对教材结构的一般理解"，使儿童"对教材能有直觉的理解"，并达到"学会如何学习"和促进智力发展的目的。他认为，教学论必须考虑三个方面：人的天性、知识的本质和获得知识的过程的性质。

对此布鲁纳提出了结构原则。他强调要教给学生各门学科最基本和最佳的知识结构。任何教材结构的组织均须注意：再现的形式要适应学生的年龄和认知基础；教材的组织要符合经济法则，应教给学生简明、扼要而又有利于进一步学习的教材。

主题教学的任务之一是塑造学生良好的认知结构，使之具有不断吸收新的知识的能力和知识自我生长的能力。而良好的认知结构，是以政治核心知识为联结点而形成的具有自我、生长活力的知识网络系统。根据政治核心知识的内部联系，引导学生通过"多元联系表示"，加强对相关知识的融会贯通，形成结构化的知识组块，增强知识的生长活力以及知识检索和提取线索的能力，促进学习的迁移、知识的理解和问题的解决。需要指出的是，在单一情景中获得的知识没有活力，知识之间的联结简单而贫乏，一旦背景发生变化，知识的表征和问题的解决就会发生困难。所以，教学中应该把知识置于多种具有一定复杂性的问题情境中，引导学生对知识形成多角度的理解，从而使他们在面临问题时能更容易地激活知识，更顺利地解决问题。

2.皮亚杰建构主义

皮亚杰的建构主义学习理论认为，意义建构是学习的目的，它要靠学生自觉、主动去完成。教师和外界环境的作用都是为了帮助和促进学生的意义建构。根据建构主义的理论，学生的背景知识深深地影响着学生如何解释教学的主题，如何运用这些知识去解决真正的问题，与他们的同伴沉浸到"创造意义"的交流之中。努力加深对教学主题核心思想的理解，这样建构的"意义"才是真正有意义的，才是符合教学要求的。

现行一节课总是由若干知识点组成的，而各个知识的重要性是不相同的：有的属于基本概念、基本原理(是教学目标要求必须"掌握"的内容)；有的则属于一般的事实性知识或当前学习阶段只需要知道还无须掌握的知识(对这类知识教学目标只要求"了解")。可见，对当前所学内容不加区分一律要求对其完成"意义建构"(即达到较深刻的理解与掌握)是不适当的。政治课主题教学的做法是：在进行教学目标分析的基础上选出当前所学知识中的基本概念、基本原理、基本方法和基本过程，作为当前所学知识的"主题"(或曰"基本内容")，然后再围绕这个主题进行意义建构。在具体教学中，一般性的相关知识通常是属于学生就近发展区的知识，只要自我阅读即可认知，或属于不须重点掌握、只要了解即可的，不作为教学过程中学生的重点建构。同时以案例为载体，将社会性问题纳入课堂探讨，贯之以书本理论，学生对知识的体验必然会有更多的自我解释，对教师亦形成更多的挑战，教师不能仅仅关注学生解决问题的正确性，常常需要和学生一起决定问题的合适标准和证据。如：问题是有意义的吗？问题与当前学习的主题有关吗？它需要创造性的思维和解释抑或只是事实发现呢？这个问题的解决会帮助我们获得关于学习主题的基本概念和基本原理吗等。

3.陶行知教育思想

陶行知先生说过："我们要跟小孩子学习，不愿向小孩子学习的人，不配做小孩的先生。""要想做教师的人把岗位站得长久，必须使他们有机会一面教，一面学；教到老，学到老。一位进步的教师，一定是越教越要学，越学越快乐。"他还认为："教育是教人化人。化人者也为人所化，教育总是互相感化的。互相感化，便是互相改造。"

在政治课主题教学中，陶行知先生的思想体现得淋漓尽致。因为主题教学从内容的设计到问题的探究，无一不要求教师摆正自己的位置和角色，走出传统误区，构建新的教学结构，改进教学方法，和学生一道学，在学中教，在教中学，引导学生的发展，最终实现教学相长。

随着课程改革的深入，政治教学出现了许多新的形式，也开始关注学生的主动参与。但大多数教师的教学观在深层次上没有发生实质性的变化。教师的教学行为中仍有传统教学中行为角色的表现，课堂教学的目标、学习的内容及设计的教学程序等仍定位在完成知识性的任务，能力的培养及科学素质方面的要求在教学中未摆正其应有的位置，教学过程中没有很好地利用和发挥学生主体作用，学生只是扮演教师完成教案的角色。而政治课主题教学有利于教师从关注"人"的发展着眼，重视课程评价的教育发展功能，真正成为学生学习的促进者，变"给学生压力"为"给学生动力"，做学生学习的同伴与合作者，在促进学生主动发展的同时也不断提升着自我。

三、主题教学的本质特征

1.主题教学是师生知识共享的过程

建构主义文化的一个核心价值是合作学习。学生要见证并参与同伴相互之间的思维活动。在其中，学习者接触到同伴清晰的和令人信服的思维过程，也接触到他人曲折的粗心大意的思考过程，于是，"你有一个思想，我有一个思想，我们交换，我们都有了两个思想"。

主题教学的过程，包括个人阅读与研究、小组交流与研究、课堂讨论与研究、课后反馈等几部分。课堂集体案例讨论是整个主题教学活动的重点，也是主题教学学习成效发挥的高点。在讨论正式进行的课堂上，作为"首席"，教师在进行调控的同时将自己的研究心得与学生进行平等的比较，让学生感受新奇；学生人人跃跃欲试，期盼能提出自己的观点而受到重视，同时也好奇是否能从他人那里学到更新的观点。在讨论的全过程中，每个人的发言所表达的不是案例本身的信息，而是在个人准备和小组研究基础上加工过的，在其所持观点的背后，有基于个人经验的判断、洞察力和直觉。对于这部分的充分争论，是主题教学所独有的知识共享的优势，是传统教学方式所不能取代的部分。老师的知识、学生的知识在课堂讨论中得以分享。一堂好的主题教学课，应该是教师全力引导、全体学生积极参与，"同呼吸、共命运"，从而使学生对知识的发展脉络产生难忘的印象。

2.主题教学是问题共同探究的过程

建构主义认为，学习总是与一定的社会文化背景即"情境"相联系的。政治主题教学有实际背景的问题，可以激起学生探究问题的兴趣，使学生产生要进一步研究下去的动力。在传统教学活动中，教师常常跳过问题的探索过程，直接将理论和方法教给学生，知识的交流是一维的、单向的，学生没有机会探索，即使记住了所教授的知识，也难以真正理解和应用。尤其是政治学科，学生更多地将这种教学理解成"灌输"，对政治课学习没有兴趣甚至充满抵触情绪。

爱因斯坦认为："系统地提出问题比解决问题更是必不可少的。"主题教学活动是基于案例的问题探究过程。结合案例载体，会有相当的阶梯型问题和争论型问题的设置，给学生的探究学习提供了机会，在真实的或现实的问题情境下师生共同进行自由探索、合作学习，知识的交流是多维的、多向的，有利于激发学生的探索欲，调动学生的积极性、主动性、创造性，使学生自觉地参与到政治教学活动中来，成为教学活动的真正主体，实现思维能力的提升。

3.主题教学是知识相互提升的过程

从知识管理理论看，新知识产生于显性知识和隐性知识的相互转换过程中。主题教学为学生提供了表达自身知识的途径，通过他们的充分参与，有利于课堂的知识放大，将学生的有价值的隐性知识尽快地转换为显性知识，生成自身的新知识。另一方面，也有利于教师自身知识的及时更新。

主题教学实际运作中，通过对问题进行的探究活动，众多学生在探究讨论的发言中，将原来不清晰的想法结构化，以解决存在的矛盾问题，这样充分的交流和反馈，有利于学生个体的有价值的隐性知识转变为可以表达和认知的显性知识，实现学生个体自我知识自由转换；同时，这些知识又会不断地更新为其他学生和老师的显性知识，实现知识创新。较之传统教学模式，主题教学提供了优化的交流氛围和方式，既使得学生可以更快、更方便地获得知识，也促使教师主动地提升自我。尤其是政治课的教学中，对同一问题，不同的学生会有不同的认识和想象，甚至引发了歧义与对立。正是因为这些歧义与对立，才使得师生共同谋求更好地解决出现的矛盾问题，从而实现知识创新。

主题教学的探索过程是政治教师自我发展的过程，理解其精髓而加以灵活运用，是师生共同发展之需，也是和谐教育之需。

（本文刊登在《中学课程辅导》2015年17期）

主题教学要让学习更有深度

一、思维导图，让大脑触景生情

浅表学习的一个重要特征是学生对知识的掌握是分离的，在脑海中形成的是一个个知识片段。让学生描画思维导图，可以引导他们学会梳理知识点之间的联系，将所学内容置于网络之中，沿着思维导图网络中的各个脉络，便可以形成自己对事物和知识的联想，让大脑触景生情。

1.知识图，在归纳梳理中自我构建

自主预学是思想政治课主题教学的基础阶段，体现了"先学后教、以学定教"的理念，是课堂学习从浅表学习向深度学习发展的重要"脚手架"。

在新课开始前的预学阶段，我布置给学生两个自主预学题：

（1）完成下表，比较村民自治与居民自治的异同；

内容	村民自治	城市居民自治
性质		
组织		
民主选举		
民主决策		
民主管理		
民主监督		
意义		

41

（2）画出本课的知识结构图。

在预学反馈阶段学生们基本上都能画出知识结构图，个别的还有一定的创意。如：

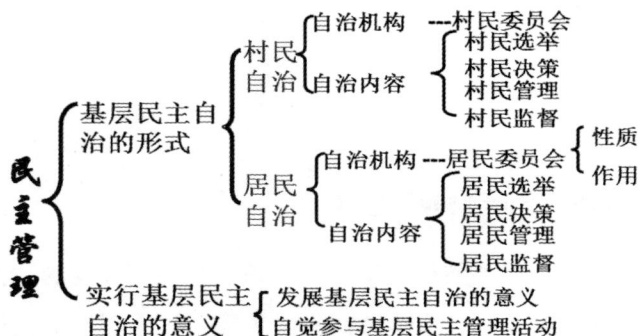

让学生在预学的基础上画出的知识"图表"，实际上是一种最基本的思维导图。现行教材强调从具体到抽象的认知逻辑，图文并茂，体现时代特征，可读性强，许多基本知识学生可以通过自主预学而知晓。如果只是基于基本材料的阅读理解和知识的初步梳理，仅仅一般感知即得，引不起学生过多的思维参与，是浅层次的学习。而以此为基础要求学生进行知识图表的构建，可以培养学生对知识的比较、归纳能力，促进了学生对书本知识的结构化认知，避免在预学过程中学生流于形式的简单工作。

2.思维图，让知识在心中自我内化

在新课结束后的拓展反思阶段，我要求学生画出本课的知识中心思维导图。有不少学生能画出自己的思维导图。如：

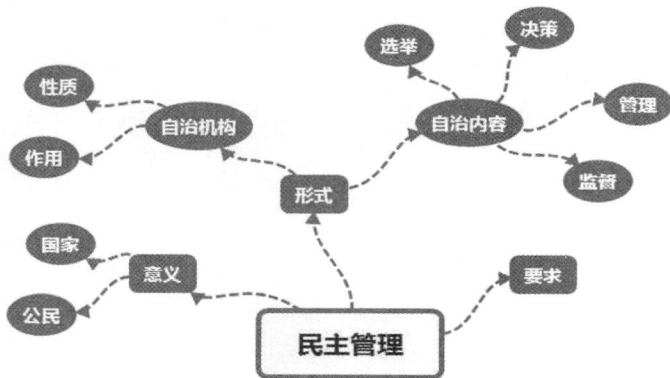

中心思维图描画体现了学生充分开发大脑皮层的各种技能，如字词、数字、线条、图形、逻辑、色彩和空间感等。新课结束后的中心图描画过程，学生根据自己头脑中的思考，以一个主题为中心，向外发散出多层次的枝干或者关节点，最终形成一个立体性结构。这一过程需要学生将文字、图像、色彩和逻辑、顺序、空间有机地统一起来，充分开发学生大脑潜能，反映了个体对所学知识的自我内心感受，学生在自己对所学知识系统化的过程中不断完成自我知识内化，不仅是让自己的学习由浅入深的过程，也是一种独特的知识创造过程。

二、活动体验，让自我感悟反思

深度学习的一个重要表现是学生如何将知识运用到真实世界（社会生活或实践场景），并进行一定的知识迁移。思想政治课主题教学的基础是主题情境，其设计贯彻"以儿童活动为中心"，让学生身临其境，在真实复杂的情景中，整合相关的知识和能力（素养），应对特定情景的挑战，形成更具体、更真实、更准确的自我体悟，这是个人知识、技能、情感、态度、价值观等的综合表现，符合著名情境教育家李吉林老师在"情境教学促进儿童发展五要素"中强调的"以训练学科能力为手段，强调实践性""以发展思维为核心，强调创造性"。

1.参与经历，在实践中认知印证知识

本课的主题情境是学校所在社区居委会帮助明仁小区更换物业公司的真实情境。居委会帮助明仁小区协调了原物业公司纠纷后选择新的物业公司，这需要征得一半以上业主同意方可进行。居委会负责人与业主委员会成员需要一些志愿者协助他们登门听取业主意见，我便利用这个机会安排几位学习小组负责人担任了志愿者，让他们感受居委会的工作。要求：了解在这一过程中居委会做了哪些事情，体现了哪些民主管理的道理？写出简要报告，准备课堂交流。（提示：什么事情？过程与结果如何？与书本知识的关系？）

听到这一任务，各位学习小组负责人兴高采烈，而其他同学则向我申请，能不能增加志愿者名额。在得到否定的答案后他们有些失落。

在课堂反馈时，各小组的书面发言很好地将居委会的工作与书本知识

结合起来，基本上都能将居委会的性质"居民自我管理、自我教育、自我服务的基层群众性自治组织"中的"自我管理"与"自我服务"知识和相关的居委会工作相印证。对居委会在维护居民合法权益、调解居民纠纷、反映居民意见等方面的作用有了深刻的感知。

传统教学中学生为了应对考试，被动地了解概念和相关道理，纠结于定义和词句的熟记，这样的知识的习得不利于理解和长久保持，是浅层次的，一旦考试结束，则这些内容也随之而去。而在亲身活动或生活中将书本知识与实际相印证，那些本来是零散的不相关的知识被生活串联起来，这样的学习无疑是完整的立体的有生命力的，也是难以忘怀的。

2.修正经验，在反思中转化迁移知识

课堂反馈结束时，一位同学向我提出了这样的问题：老师，在这次活动中有居委会负责人和业主委员会负责人，他们是什么关系？业主委员会也是居民自我管理、自我教育、自我服务的基层群众性自治组织吗？

我当时一愣，这个问题还没有碰到，似乎有些超出书本知识的范畴，但却是现实生活中的问题，是学生认真反思的结果。我一边称赞他会思考，敢于提出问题，一边打开我的"知识贴士库"，从两者产生的权利基础、性质和经费来源等方面梳理了他们的区别，又从民事关系、成员性质和工作范畴等方面介绍了两者的联系。然后我请这位同学结合主题情境对他们的关系进行联系阐述，效果良好。

许多学生对所在的小区有丰富的认知，但对居委会却没有多少感觉，因此在学习这一内容时经常将小区业委会自动代入为居委会，虽然知识上是居委会的表述，但体验上却是小区业委会的，往往把两者混为一谈。由于在活动体验中出现了两个主角，立即让敏感的学生发现了存在的问题，引发了他们主动的反思，对自己原有的经验产生了疑问。经过如此反思后的知识更新某种程度上也是一种自我的知识转化与迁移。这是一种理解借以迁移知识，并进行批判性地检验的逻辑过程，克服了将书本知识作为权威的静态知识的浅层次学习的弱点。

三、合作探究，让高级思维生长

1.问题导向，引导学习走向深入

思维是智慧的基础，形成智慧需要培养学生的高级思维习惯和思维技能，合作探究就是让高级思维生长的重要策略。围绕主题情境，开展小组合作探究是思想政治课主题教学的核心，科学、开放、具有探索性的问题是有效开展合作学习、促进学习走向深入的根本。

针对学生志愿者的实践反馈，特别是业主们的反应（有的业主很积极主动地配合居委会和业委会进行调查表填写，有的业主不相信居委会工作是为了业主的利益，甚至还有个别业主拒交物业费，认为不需要居委会和业委会），结合书本知识，我给出了两道探究题：

探究1：明仁小区更换物业公司的过程中居委会开展了哪些工作？你认为哪些工作可以改进？

探究2：业主们的反应对我们有什么启示？

"教材的某个知识点或者教学内容，不应该是直接教的对象，而是师生共同探索的一条线索，师生沿着这一线索，在教育学的过程中整体地感受某样东西、体会某样东西、探索某样东西。" 由于这些问题都是以学生亲历的事实为基础，结合了书本知识，学生在探究讨论时不是对书本知识进行简单的粘贴，而是对调查内容进行概括、研究和反思，形成了自己对知识的深刻理解。这一过程中学生作为自主学习者，激发了兴趣，引发了感悟，发现了问题，实现了思维能力的提升。

2.改革评价，奠基学会学习基础

"教学生学习，比教学生掌握知识本身更重要"。主动的探究式的学习是深度学习的一种实现形式，也是学生"会学习"的一种表现。这一学习方式持续有效的实行，需要改革传统的评价方式为其保驾护航。我认为这一评价必须适时适切，是课堂即时评价，其标准既要体现高级思维培养的要求和学习目标的实现，又不能太烦琐，影响课堂操作，因此我设计了一个简便易行的"探究学习评价表"进行即时评价，如下表所示：

小组名称	互动交流（5分）	知识准确（5分）	逻辑清晰（5分）	主动拾遗（5分）	反思提问（5分）	合计

理由如下：

互动交流：合作探究离不开学生之间沟通交流，高品质的沟通交流不仅有利于学生们一起来成功地完成任务和解决问题，更是深度学习中人际领域的重要素养。

知识准确：知识记忆准确是浅层次学习的最高要求，也是深度学习的起点；知识运用准确则属于知识迁移，是深度学习的表现。

逻辑清晰：清晰的有条理的逻辑思维体现了人们对知识本质把握的程度，是人的认识的高级阶段，代表着高级思维的水平。

主动拾遗：对同伴的探究问题的回答进行主动补充，需要建立在倾听和整合他人的反馈和观点的基础上，是良好的学习态度，也是深度学习中人际能力的重要表现。

反思提问："是非明于学习，境界升于内省。"反思提问不仅反映了学生思维的主动性和持续性，更是一种对知识进行自我建构与创新的表现。能反思、会提问无疑是一种深度学习的品质。

这一评价标准的特点不仅在于其核心是评价学生如何学习，引导学生如何学习，更在于改革了传统的那种以课堂检测和课后作业为主的学习后评价模式，变革为即时模式评价，融评价于教学过程，其导向作用更易潜移默化。

主题教学的实践将课堂学习变成一种生活经历的过程，改变了传统教学传承知识的学习方式，引导学生在深度学习的过程中学会学习，促进了学生核心素养的提升，帮助了学生走向更美好的未来！

（本文刊登在《中学政治及其他各科教与学》2018年3期）

培养创新精神是深度学习的终极表现

"创新是一个民族的灵魂，是国家兴旺发达的不竭动力。"联合国教科文组织认为，"二十一世纪是创新教育的世纪"。习近平总书记强调，"国家科技创新力的根本源泉在于人。十年树木，百年树人。要把教育摆在更加重要位置，全面提高教育质量，注重培养学生创新意识和创新能力"。知识经济时代，国际竞争日趋激烈，教育事业从来没像今天这样与国家的安危、民族的兴衰息息相关。新时代教育的主题就是实施创新教育，培养创新型人才。因此，在思想政治课主题教学中，深度学习发生的终极表现就是学生创新精神的养成。

一、革新教育理念，创新教育思想

思想政治课的思想引导和政治灌输的双重性，常常使得一些教师不敢"越雷池半步"，以为"政治只能人云亦云，不可自作主张地进行创新"。长期以来，再加上考试的压力，思想政治课教学存在着两个弊端：一是从书本到书本，把生动活泼的思想教育变成死板的纯知识教学，所谓"教师讲条条，学生背条条，考试考条条"。二是教师为中心。整个教学都是循着教师的思路，如果学生有所"越轨"，就被斥为"不听话"，要受到批评以至斥责。这样的思想政治课教学，不可能形成深度学习，必然扼杀学生的个性发展，只能生产出同一规格的"产品"，抑制了学生的主动发展，尤其是创造力的开发。

事实上，培养学生的创造力对于思想政治课教学也并非是高深莫测的东西。思想政治课具有既严密又科学的理论性和广泛的可与社会相结合的现实性。新课程改革强调要培养学生与时俱进的创新素养，要紧紧围绕"立德树人"的标准，以培养"全面发展的人"为核心，涵盖文化基础、自主发展、社会参与三个领域。教师若以此为目标，综合运用相关情境材料，既可以拓展学生的知识体系，也可以丰富学生的社会阅历，提高他们综合认识和分析社会实际问题的能力。思想政治课教学创新能力的培养关键在于能否摆正素养培育和应试教育的关系。从实践上看，创新精神重要的是创新思维，而创新思维最重要的特征就是思维的批判性和创造性，这正是深度学习的主要特征。政治课主题教学应当充分调动学生的积极性，使他们能够在活泼愉快的情境下学习，要注意培养学生的好奇心和探索精神，注意培养学生思维的独立性和创新性。如果仅以学生掌握知识的多少来衡量学生水平和能力的高低，结果只能是抹杀学生的创新思维。其做法显然与创新教育相悖。

教育的创新，要求教师要有创新的意识和创新的观念，要更新自己的理念、思维方式和人才观，站在新时代的高度，用现代化的标尺来衡量我们今天的教育。只有这样，才能从全新的视角出发，适应新时代的要求，自觉培养有创新精神的新一代。

二、引发学生质疑，培养创新思维

深度学习是一种身心专注、沉浸、投入的主动学习，深度学习发生离不开深层动机，即学生的强大内驱力，是学生内心的好奇心、求知欲和探究欲。只有主动的学习和探究，才能催生创新思维。创新性思维以强烈的兴趣和丰富的知识为基础，通过有关事物的启示，触发联想，从而达到认识上的"顿悟"与飞跃的心理活动。古人云："学则须疑，小疑则小进，大疑则大进。"疑是深入学习知识的起点，也是闪现创新力火花的开端。心理学的研究表明，思维总是由问题所引起，是同解决问题形影相随的。发现问题并不是一件容易的事，善于独立思考的人往往能在别人习以为常的情况下发现关键性的问题。

政治课主题教学中，要引发学生质疑，教师要创设培养学生问题意识的环境，在民主的氛围下，通过正确的价值评价，鼓励学生提出问题。学生问题意识的习惯形成离不开教师的合理引导，既要有精心的预设，也要抓住教学实践中偶然迸发的智慧火星。课前精心设计疑问，课堂巧妙提出问题。在学生感到"山重水复疑无路"时，激励、诱导学生通过自己的努力去寻找"柳暗花明又一村"。当学生找到"又一村"后，得到的不仅是成功的快感，同时，他们的创新思维能力也得到了培养。学生在课堂上偶然生成的问题正是主动思维的火苗，教师要小心呵护，把握时机适时鼓励，从而培养学生生疑的习惯。那么，哪些问题最能启迪学生的创新思维呢？精致的问题应是：能联系实际，发人深思，给人启迪；能激发、唤醒、鼓励学生的主体意识；有助于学生分析、综合、发散、聚合、观察、想象等思维能力的提高。

教学是教师和学生共同的活动过程，教与学的有机统一，关键在于一个"引"字，对于学生创新思维能力的培养来说，"引"得得法，"引"得有效，就会收到良好的效果。

三、促进个性发展，培养独创精神

在自主创新的潮流中，科技创新则更加需要具有独创精神的人才，教育需要为国家培养有个性的人才。《课程改革纲要》指出，教师在教学过程中"要处理好传授知识与培养能力的关系，注重培养学生的独立性和自主性，引导学生质疑、调查、探究，在实践中学习，促进学生在教师指导下主动地、富有个性地学习"。

个性的发展建立在孩子的天性基础上，孩子的天性往往是好奇和求异，凡事喜欢问个究竟。根据学生这一特点，在主题教学中教师要尊重学生个性，允许、鼓励学生标新立异、大胆假设，从而培养学生勇于探索、敢于创新的独创精神。这样，学生对课本知识就有了更好的认识、更新的理解、更广泛的扩充和更深的探索，学生的求异乃至辩证思维能力也得到了较好的锻炼。尊重学生的个性成长，让学生自由发挥自己的想象、联想能力，多角度、多层次解决问题。教师不应该强行地力图将学生的思维过程纳入教师设计的预定轨道，不应以教师的思维成果和教材的内容束缚学生的思维，更不应粗暴干预，对不简单机械地照搬教材知识的有创见性的解答或思路，要给予及时的表扬和鼓励。

四、强调实践教育，增长创新行为

创新是对原有知识的"扬弃"，它不是无根之木，而是有源之水。因此，学生创新精神的培养离不开学生知识的积累。"无论何时，人们都应智慧地运用所学的知识，知识本身用处是不大的，有时是有害的，因此在新世纪我们必须培养学生正确运用知识的智慧。"深度学习的发生强调在真实的具体情境中，通过"做"从经验中学习，即直接感知、实际操作、亲身体验。要实现这一目标，政治教师应重视学生实践教育，在进行主题式教学时帮助学生获得自己打开未来知识宝库的"金钥匙"。

实践是人们思想政治素质形成和发展的基础，思想政治课是一门同现实紧密联系的课程，教学内容只有通过学生的实践被理解、吸收和消化，才能转变为内在观念。同时，思想政治课主题教学不仅是让学生掌握有关马克思主义理论知识，更重要的是让学生在马克思主义指导下行动，是知行合一。政治教师应重视学生对教学实践活动的参与，把理论与实践结合起来，在"说、做、行"上狠下功夫。"说"即针对所学知识，通过开展质疑问难、课堂讨论、专题辩论等活动，锻炼学生的口才，发展他们的智慧。"做"即针对学科特点，开展时政小论文写作、时事评论、政协提案等活动，使学生所学知识应用到社会现实中去。"行"即有选择地组织社会活动，如社会调查、课题研究等，让学生在亲自实践中探索解决问题的方法和答案。这样有利于培养学生的实践能力，有利于让学生的思维"长上眼睛"，从而可以不失时机地培养学生的科学态度和掌握科学的创新方法，促进创新思维的养成。

深度学习是一种基于问题解决的学习，必须通过学生的实践应用能力和问题解决能力表现出来，指向知识的重构与运用，产生知识迁移，解决生活中的真实问题。政治课主题教学要将理论联系实际作为最重要的原则，让学生基于理解，重于应用。丰富的实践活动，能增加学生的表象储备，为学生的创新想象和创新思维提供丰厚的原料。"实践是认识发展的动力"，在实践活动中遇到困难，往往使学生产生新的认知和解剖愿望，就容易激发其创新力。思想政治课主题教学活动可以贯通课堂内外，整合时事报告、社会热点讲评与讨论会、社会调查、爱国主义教育基地研学等丰富多彩的活动，解放学生的思维空间，丰富他们的知识体系，保护他们的好奇心，培养他们搜集、利用资料信息和解决问题的能力，丰富了同学们的知识，培养了学生的多种能力和创新精神。

教育是育人的科学，它的出发点和归宿点是培养人的创新、创业精神和创新创业能力。政治教师在培养创新人才的伟大事业中肩负着重要使命，主题教学中要坚持以人为本的原则，培养出具备广阔的视野、活跃的思想、敏捷的思维和灵活的应变能力的创新性人才，以适应未来的挑战。

（本文刊登在《现代教育科学》2009年4期）

第二模块

实践策略

开放 生活 创造

——政治课主题教学的尝试

新一轮基础教育课程改革，其根本宗旨是"教育最终要促进人的发展、为人的发展服务"；政治课"思想性、人文性、综合性和实践性"的特征要求政治课教学"坚持正确的思想导向、强调联系生活实际、引导学生自主学习、注重学生的情感体验和道德实践"。因此，在政治新课程实践中需要培养学生的独立思考和进行生活体验，这与我国著名的教育家陶行知"生活即教育""社会即学校""教学做合一"的生活教育理论密切相关。生活教育理论强调了教育要以生活为中心，教育要从课堂和书本中走出来，去关注社会生活，教育的根本目的是理论和实践相结合，书本知识最终要用于解决实际问题。要求教育要由封闭走向开放，由课堂走向社会，由学校生活走向社会生活，这为政治课教学改革提供了很好的借鉴和理论依据。传统的政治课教学模式的"单向性""灌输性"抑制了学生的主动性，剥夺了学生进行交流合作与实践活动的权利，学生的创新思维和聪明才智被扼杀在应试教育中。因此，政治课主题教学必然要走向开放、生活与创造，将正确的价值引导蕴涵在鲜活的生活主题之中，倡导政治课教育的生活性、开放性和创造性，注重课内课外相结合，鼓励学生在实践的矛盾冲突中积极探究和体验，培养创新精神，实现政治教育的目标。

一、开放

主题教学的开放，就是不受传统拘束。体现在具体实践中的是教学目标的适切和多元，教学内容的生成和延伸，教学方法的生本和去程式化。让课堂开放是一种课堂教学的价值追求和教学主张，是在实践中不断优化和发展的动态过程，也是课堂走向高效的实施手段。适度开放的教学，呈现出来的是结构、评价标准多元及发展的教学。其价值就是将教学这一基本概念，真正转化为教师引起维持和促进学生的学习的行为，将教师的教最大限度地转化为学生的学。具体说来表现在四个方面：

内容要开放。政治课主题教学内容的开放性是指教学中充分重视理论和社会生活实际的联系，重视学生的心理发展、实际需要、个性差异等。主要表现在三个方面：一是注重挖掘教材中的生活元素，让教学内容与学生的生活实际相结合，从课内走向课外。二是注重挖掘教材中的多学科元素，体现学科整合，也为不同类型学生提供多样化的认知方式。三是关注教学过程中学生的体验和知识的生成，及时把动态生成的资源纳入教学内容，调整教学进程。

过程要开放。主题教学强调学生主体学的开放，以核心问题主导教学进程，倡导个性化的学习方式。引导学生在课堂上自主学习，合作探究。腾出时间，给予学生开放的空间，以激发学生的探索精神、想象力和创造力为旨归。构建开放而不随意的焕发生命活力的课堂。学习活动是学生展开学习的过程，学习的过程应该是科学和顺畅的，所以，学习活动的设计一定要基于学生的实际，这样的学习活动，才能激发学生的热情。同时让学生在活动中有能力运用自身的基础展开学习，获得发展。活动的展开过程是关键，活动的结构要合理，要有层次性，便于学生由浅入深地理解学习的内容。活动要有一定的开放度，这样才能给予学生一定的探索空间，提升思维的深度和广度，也能更好地发挥学生的主动性。

活动要开放。学生的学习状态在很大程度上反映出学习活动的成败。首先，开放的课堂应该是学生积极主动参与学习活动的课堂。外在表现是学生能在活动中积极举手，主动发言，积极参与探究活动，敢于质疑，善于评价。学生是否积极主动，除了考量学生知识技能的掌握情况以外，他们在思维水平、情感态度方面有没有得到发展提高，也是分析他们主动学习活动质量高低的重要指标。其次，开放的课堂还应该是学生参与面广和参与度高的课堂。设计的活动要适合人人参与，吸引学生全程参与。

评价要开放。政治课主题教学目的是立德树人，培养学生核心素养和关键能力，因此，对学生的评价标准更应注重灵活性和开放性，让每个学生在主动参与中得到全方位的、可持续性的发展。首先是评价标准的开放性，既能适应学生发展，又考虑学生之间的差异，由只重视结果变为既重视结果，更重视过程。通过教师公正的评价，使每个学生都能体会到成功的喜悦，从而保证他们的兴趣。其次，评价内容应由记忆评价转化为理解评价，由知识评价转化为知能并重、智德并重、理论与实践并重的全面素质评价。再次，评价方法的多元化，即既有教师评价，又有学生评价。只要有利于调动学生学习兴趣、提高学生素养、培养学生关键能力的考试形式、评价手段都可采用。只有这样，才能使学生的潜能得到充分发展。

二、生活

主题教学的生活是指构建生活化的政治课堂。人的思想品德是通过对生活的认识和实践逐步形成的，政治课主题教学要更好地落实学科核心素养，必须在教学中让"知情意行"完整统一起来，落实到课堂学习中，就是要转变学生的学习方式，使学生在体验、探究、实践、合作中学习，提高政治参与能力和社会实践能力。而将政治课主题教学与实际生活相互融合，是实现这一目标的必然要求。政治课主题教学中，教师结合教学内容，因地制宜地注入生活内容，使教学回归学生的世界，回归生活的世界，回归现实的世界。让学生在学习理论的同时，观察自然、认识社会、体验生活、学会做人，提高政治课的生活意义和生命价值。操作起来有两点原则：

在生活中学习。政治课主题教学要注意创设现实生活情境、真实的生活情境。要想提高学生的社会实践能力，知识和能力的迁移是关键。理论知识、操作技能要能够比较好地迁移到社会现实中，课堂学习的情境有着决定性影响。主题教学的学习情境必须源于真实生活，政治教师可以将复杂的具体生活情境适当简化、优化，以符合核心知识要求，不要自我进行理想化的臆造和修改。一方面，基于政治课程知识的有关内容，从学生生活周边挖掘可用的生活素材，有效引入有趣且真实的生活例子，将其与教学内容相互融合，进而可以帮助学生更好理解一些枯燥的政治理论性知识。另一方面，让学生在真实的情境中学习，如讨论经济、政治的重要决策，聚焦关键性因素，引导学生结合社会生活现象展开相关的讨论，充分体会知识、技能迁移运用所需要的情境和条件，更好地理解真实生活，明白改造现实的行动条件，以从中培养学生分析、判断以及归纳政治知识点的能力。

向生活学习。"教育只有通过生活才能产生作用并真正成为教育。"陶行知曾打了一个比方来说明社会生活与教育的关系："学校即社会，就好像把一只只小鸟从天空里捉来放在笼子里，它要以一个小的学校去把社会上的一切都吸收进来，所以容易弄假。社会即学校则不然，它是要把笼中的小鸟放到天空中去，使它任意翱翔，是要把学校的一切伸张到大自然里去。" 政治课主题教学要培养学生关注身边人，关心身边事，向生活学习，使课堂成为生活化的课堂。政治教师注意让学生体验生活，在接触社会中提高社会实践与生活能力。通过小课题研究、社会实践与调查、研学旅行等多种亲历亲为的社会体验活动，引导学生用自己的眼睛观察生活，用自己的情感体验生活，用自己的方式研究生活，从而强化对知识的理解和运用。社会是一个大课堂，向生活学习，学生才能在社会生活中感悟人生，体会生命的真谛。政治课主题教学也只有根植于生活世界并为生活世界服务，才能具有强大的吸引力和深厚的生命力，才能帮助学生具备在现代社会生活应有的自主、自立、自强的能力和态度，形成正确的世界观、人生观和价值观，全面提高学生的思维能力、实践能力和核心素养，成为党和国家需要的建设者和接班人。

三、创造

培养学生的创造性，使学生具有创新意识、创新品格、创新思维、创新能力，是当前基础教育的重要任务之一。新课程改革所倡导的素质教育，核心就是培养学生的创造意识、创造精神、创造能力和创造人格。政治课主题教学中要努力打造创造性的课堂，培养学生的创造能力，最大限度地开发学生的创造潜能，把学生培养成敢于创新、勇于挑战的高素质人才。

首先是要培养学生的创新意识。政治课主题教学中创新意识培养在于引起学生的好奇心和探究的兴趣，养成求新、求异的欲望。其实这些素质是与生俱来的，人皆有之。但在传统教学中，过度强调规范、标准，加上应试答案的唯一，学生的好奇心和求异心受到打击，到高中阶段基本上已经没有创新的欲望。但创新意识是发挥想象力的起点，是创造力的萌芽。主题教学要激发学生的好奇心，创设民主的氛围，让他们敢问爱问爱尝试。在解决问题过程中学生思维的闪光点、思维的新意要小心呵护和真诚鼓励，让他们不人云亦云，有自己的感受，有独特的见解，在与众不同中透着新意。

其次是培养学生的批判性思维。批判性思维的实质是质疑，即对前人说法不盲从、不全信，必须经过自己的思考、验证后方能接受的一种富有独立思考精神的创造性思维方法。在人类文化的发展史上，后人之所以能超越前人，原因当然有多种，但不盲从前人的成果当是重要原因之一。正是因为这个原因，在政治课主题教学实践中，设计思辨性的情境问题，对学生开展经常性的批判思维的训练，应是培育创造性的主要途径之一。

再次是培养学生的发散性思维。发散性思维，又叫求异思维，是一种开阔思路，寻求多种答案，或沿着各种不同方向去思考，产生新的解决问题的途径和方法的思维活动。创新思维不应是线性的，而是发散性的，沿着多条路径思考，善于变化角度，灵活地思考。主题教学实践中培养发散性思维，可以通过创设开放性情境，设置开放性问题进行发散性思维训练；还可以通过变式训练，变化情境和问题设置，培养学生发散思维。它可以通过纵横发散，使知识串联、综合沟通，达到举一反三的目的。

"行动是老子，思想是儿子，创造是孙子。"政治课主题教学实践将生活与教育相结合，是把握新课程改革、培养学生核心素养和关键能力行之有效的教学方式，高于生活，又回归生活，完成"整个的教育"，为学生的创造性发展和终身发展奠定基础。

乐学是深度学习的前提

由于传统应试教育的影响，政治课教学中普遍存在"满堂灌"的现象，也就是在教学过程中，过分强调教师的主导作用，忽视学生的主体参与意识。只是让学生被动地听课，把学生当作接受知识的容器，学生对上课或学习缺乏热情，自身的积极性得不到有效发挥，学生的主动学习难以形成，停留在知识的浅表习得，深度学习不能发生。而教育的本来任务就在于通过教育者有目的、有组织地激发和引导，经过自探、自悟、自得，从而自主地、能动地、创造性地实现自我身心连续不断的积极变化，促使学生深度学习发生，创新思维形成。因此，政治课主题教学要促进学生主动学习，培养学生的核心素养，"乐学"是打开深度学习之门的金钥匙。

一、唤起兴趣 乐学之始

兴趣是最好的老师，激发与唤起学生兴趣是促进学生主动学习、深度学习的保证。孔子云："知之者不如好之者，好之者不如乐之者。"深度学习离不开学生的来自于自我内心的好奇心、求知欲和探究欲。

唤起学生兴趣首先在于引起学生的好奇心。中学生正处于心智蓬勃发展的阶段，他们的求知欲、好奇心相当强烈。因此，内容新颖、引人入胜、富有情趣的教学内容，容易引起学生的兴趣。政治课内容题材广泛，哪些内容容易吸引学生，教师要在备课时做到心中有数，应该抽出一定时间深入到学生中去，了解教材中哪些内容是学生喜欢的，哪些内容是学生不喜欢的，然后根据多数学生陈述的好恶理由对学生的兴趣进行分析，结合对他们爱好、志趣、性格差异的了解，选择合适的材料，准备课堂教学。尤其是政治课主题教学中会运用议题式组织具体教学活动，可以通过别致的议题引起学生注意，然后再有效利用学生的兴趣点开展分析、讨论，从而唤起学生的参与兴趣，提高主体的学习积极性，培养他们的学习主动性。唤起学生兴趣其次在于紧贴学生的生活。知识源于生活，应用于生活。政治课主题教学内容要紧贴学生生活，形式多样，如在经济常识的"社会主义市场经济"学习中，结合中秋节的月饼话题，引起学生的注意和参与兴趣，要求学生了解月饼市场的价格变化、月饼企业的经营状况、月饼市场的发展前景等，然后设置相应的探究问题，让学生进行自我分析，在学生们开心、热烈的讨论中渗透优秀传统文化元素，与现代市场经济活动有机结合，在学生自身的经验体验中自主进行知识的联想与结构，走向深度学习。唤起学生兴趣还在于所学有所用。学生之所以对学习不感兴趣，一个重要原因是觉得学习知识机械记忆，只是为了"背多分"，没有多少用途。只有让学生体验到学习有用，可以学以致用，才能体验到学习的重要性，继而激发学习的兴趣。深度学习最终也是将在活动中体验到的知识迁移到具体问题情境并解决问题。政治课主题教学活动中要多一点任务设计，通过现实的任务驱动学生将所学知识运用于具体问题的解决，转换为综合实践能力。

二、 情境教学　寓教于乐

要激发学生的快乐，促进学生走向深度学习，开展情境教学是重要的教学手段。情境的创设要坚持生活性，其实质是要解决生活世界与科学世界的关系问题。从心理学的观点来看，人们一般倾向于对与自己有直接或间接关系的事件、活动感兴趣。因此，政治课主题教学中应精心设计和学生生活相关的教学情景，最大限度组织学生参与教学过程，在发挥学生主体性的同时实现他们的自得自悟，从而促进学生智力和能力的发展。这种生活性的情境设置要从两个方面入手。

第一要注重联系学生的现实生活，在学生鲜活的日常生活环境中发现、挖掘学习情境的资源。其中的问题，应当是学生日常生活中经常会遭遇的一些问题，只有在生活化的学习情境中，学生才能切实弄明白知识的价值，知识也只有在情境中习得，才能内化为学生的深入理解，从浅表学习迈向深度学习。第二要挖掘和利用学生的经验。陶行知先生有过一个精辟的比喻，"接知如接枝"。就是说我们要有自己的经验做根，以这经验所发生的知识做枝，然后别人的知识方才可以接得上去，别人的知识方才成为我们知识的一个有机部分。任何有效的教学都始于对学生已有经验的充分挖掘和利用。学生的经验包括认知经验和生活经验。美国著名的教育心理学家奥苏伯尔有一段经典的论述："假如让我把全部教育心理学仅仅归纳为一条原理的话，那么，我将一言以蔽之：影响学习的唯一最重要的因素就是学生已经知道了什么，要探明这一点，并应据此进行教学。"可见，学生原有的知识和经验是教学活动的起点。深度学习的表现之一是"迁移与应用"，就是学生将所学知识转化为学生综合实践能力的问题。在这种教学方式下，学生自己充当了活动的主体，整个教学过程生活情景化，学生的发现特别多，情绪很高涨，对问题的思考更加有血有肉，兴趣更加强烈，整个教学活动一直在快乐的氛围中进行，许多知识对于学生而言完全是生成性的，因此很容易形成知识的掌握和迁移，学生的自我体会也更深刻，综合能力、创新意识也逐步形成。

三、和谐民主　两情相悦

陶行知先生说过，"创造力最能发挥的条件是民主"。轻松、积极、民主平等的环境下，学生成为学习的主体、主人，居于主动的地位，才乐于、敢于突破常规，勇于异想天开，进行创新。同样的，民主平等是现代师生伦理关系的核心要求，学生能够乐学，离不开教师创设的民主平等的课堂氛围。民主思想要求教师承认学生作为"人"的价值。每个人都有特定的权利和尊严，更有自己的思想感情和要求。师生应该是思想上互相交流、心灵互通的同志和朋友。

事实上，要在教学过程中实现学生的主动学习，培养学生的深度学习习惯，实现创新精神的形成，离开了师生之间良好的情感互动，没有学生的身心愉悦，也无从谈起学生对知识的再认识和再创造，教学目标任务亦无法完成。和谐师生关系的产生首先来自于教师民主的教学理念，在课堂上充分尊重学生的主体意识，真正把学生当作学习的主人，教师是为学生的知识认知、发现、再创造提供导师、辅导员等服务性工作的，要克服传统"天地君亲师"的森严等级观念，树立师生之间人格的平等；其次在教学过程中教师要努力营造开放的怡情氛围，教师要始终洋溢着热情，不能一副冷若冰霜的样子，让学生望而生畏，不敢亲近，否则师生间思维的碰撞也就无从谈起。苏联教育家苏霍姆林斯基说过："每个儿童都是带着想学好的愿望来上学的，这种愿望像一颗耀眼的火星，照亮着儿童所关切和操心的情感世界。"如果这种愿望没有适宜的热情和温度，其情感的天空必然乌云密布，求知的欲望自然消失，更遑论自我的发展了。

总之，在新课程改革的今天，政治课主题教学必然要求被赋予新的内涵。只有在快乐的情绪下，充分发挥学生的主观能动性，使学生学得积极主动，真正成为学习的主人，让学生在乐趣中进入知识产生的源头，去探究知识发展的脉搏，不断地迁移知识，更新知识，才能进入创新发展的自由王国。

（本文刊登在《新教育》2003年6期）

民主教学是学习深度发生的催化剂

《中国学生发展核心素养》对学生发展核心素养的内涵、表现、落实途径等作了详细的阐释。按照文化基础、自主发展、社会参与这三个维度，核心素养可分为人文底蕴、科学精神、学会学习、健康生活、责任担当和实践创新等六大素养。从新课改的目标出发，政治教学已不再是传统意义上的简单的知识传授过程，需要培养学生学会学习，更加关注学生能力及思维的培养，更加关注学生对知识的深层理解，更加关注学生的思维组织和能力运用。实际上就是要改变传统应试教育的课堂教学缺少深度的现象。政治课主题教学中教师要更多有目的、有组织地激发和引导学生经过自探、自悟、自得，从而自主、能动、创造性地实现自我身心连续不断的积极变化。"民主教学"无疑是学生走向深度学习的催化剂。

一、关系平等，还学生自我

陶行知先生说："民主教育是教人做主人，做自己的主人，做国家的主人，做世界的主人。" 在政治课主题教学中实施民主教学，就是要打破传统的"师道尊严"观念，树立"师生平等观"，让教师走下"神坛"，实行"以学生为中心，还学生自我"的教学方式，使学生成为课堂的主人、教学活动的主人。只有主动学习的学生，才能被学习、探究活动本身所吸引，才能激发出内心的学习愿望，积极参与，主动求知，从浅表学习走向深度学习。

传统的政治教学中教师以"真理的布道者"自居，把持着教学活动的主导权和话语权，学生充当着可怜的"受洗礼者"。教师将知识单向传递给学生，无视学生的存在，不了解学生实际，不听取学生意见，只顾自己讲得痛快，使课堂成为一言堂。本应是平等和谐的师生关系演变为封建的师尊生卑关系，学生在教学活动中不能有效摆脱情感的桎梏，连自我都被无情湮没，更谈不上身心积极的发展，深度学习也就无处发生。

政治教师在民主教学中要充分尊重学生的主体意识，真正地把学生当作学习的主人，教师是为学生的知识认知、发现、再创造提供导师、辅导员等服务性工作的，教室不是教师唱独角戏的场所，而应该是师生之间进行交互对话的舞台。教师除了传授知识之外还应该指导学生发现知识，引导学生学习而非塑造他们。教师和学生在教学过程中始终是平等的主体，教师要把学生当作"人"，承认他们有独立的人格与尊严，承认师生之间只有价值的平等，而没有高低、强弱之分。由于学生的自尊心是很脆弱、很敏感的，还需要教师的真心呵护。英国著名教育家罗素说过，"凡是教师缺乏爱的地方，无论品格还是智慧都不能充分地或自由地发展"。在教学过程中，教师要始终洋溢着热情，要在内心深处对学生充满尊重和欣赏的愉悦。由于情绪具有感染性，教师的和颜悦色、满面春风可以使学生热情高涨、反应敏捷、注意力集中，其教学活动中智力活动趋于高峰，必然在教学活动中主动学习和思考。这样的民主教学使学生的自我意识得到充分展现，学习能力和创新素养不断形成。

二、氛围和谐，利学生自探

学生的深度学习强调学生主动参与、乐于探究、勤于动手，不断形成搜集和处理信息的能力、获取新知识的能力、分析和解决问题的能力以及交流与合作的能力等。而以往政治教学的模式强调学生的被动接受，容易使学生变得内向、封闭、恭顺，不仅束缚了同学间的信息交流，更窒息了人的主动性和创造性。

苏联著名教育家赞科夫认为："只要学生能提问题，这就是重要的条件之一，它有利于形成和巩固学生对学习的内部诱因。单纯地听教师讲课不能充分发动学生的精神力量。"民主教学要求创设和谐的教学氛围，允许学生有自己的思考，有独到见解，尽管学生的说法不一定全面、准确甚至是错误的，我们也要正确对待。鼓励学生敢想、敢说、敢问，乐于发表意见，勇于大胆创新，既要鼓励学生冒尖，也要允许学生在某些方面暂时落后。政治课主题教学中，教师也只有具备这种民主的教学作风，才能营造和谐的教学氛围，才可能打开学生的思路，挖掘学生的思维潜力，培养学生的开拓进取精神，充分发挥每一个学生的特长和优势，促进学生发展自己"个性"，造就一批积极进取的、具有健全人格的新时代人才，真正使课堂成为人才自由成长的沃土。

民主和谐的教学氛围还可以促进学生的探究学习。对于一些政治热点问题如"民主政治发展、城乡收入差距、医疗教育改革、政党自我革命"等，以探究学习的形式让学生进行自主学习。在和谐的探究学习氛围中，可以使学生学习的积极性得到发挥，让他们在探究中有机会去倾听别人的意见，学会进行思维交流，他们互相质疑，互相帮助，共同商讨解决问题的方法，在沟通中增加情感与友谊，激活了学生的表现欲望和创新冲动，个性和创造才能得到不断的发展，自由想象能力和创造性思维能力得以获得更大的提升，自我身心也自然实现不断的积极的变化和叠进。

三、评价积极，让学生自得

教学是培养人的社会活动，要以人的成长为旨归。深度学习强调将教学的价值与评价自觉化、联系化，帮助学生形成正确的价值观，有助于学生自觉发展的核心素养。苏霍姆林斯基早就说过："不要让上课评分成为人的精神生活的唯一的、吞没一切的活动领域……如果教师和学校舆论仅仅根据分数来给一个人做出好的或坏的结论，那他就不会努力去当一个好人。如果人的精神生活仅仅被局限在这个领域，也就是说，他只能在掌握分数上表现自己，那么就会有失败和困难在等待他，使他的生活变成一种痛苦。" 因此，民主教学要求我们正确认识学生发展的涵义，"根据人的发展和社会发展的实际需要，以全面提高学生素质为根本目的，以尊重和发扬学生为主体和主动精神，充分开发人的潜能，以注重形成健全个体"，积极客观地评价学生的发展状况。

正如教育心理学上著名的罗森塔尔效应给予我们的启示：积极的、激励性的评价对人的发展起着重要的促进作用。要实现学生自我身心积极的变化，需要在教学过程中实施积极的教育评价，让学生充分体验成功的快乐，从而积累起进一步发展的动力，因为身心最积极的变化莫过于希望的实现和努力的成功。在政治课主题教学中，教师应使学生充分参与获取知识的全过程，在体验学习过程中艰辛劳苦的同时，通过积极的教学评价，使他们感受到学习成功的喜悦和欢乐，品尝到甘甜的学习成果，获得心理上极大的满足，从而激发更持久的自主学习动力。教师要善于用放大镜发现学生的闪光点，以表扬和鼓励为主，对每个问题、每个学生的评价不可轻易否定，不随便说"错"，否则就会挫伤学生的学习积极性。教学中教师还要承认学生学习的个体差异，积极地鼓励和肯定每个学生的每一进步。尤其在课堂上当学生讲出很有创意的思维角度和认识观点时，如果仅仅说，"这也是对的"，其效果远不及说："你的想法真是妙极了！我们大家都没有想到你从这个角度的认识和分析，谢谢你给大家提供了这么好的方法。"因为后面的课堂用语表现了教师民主平等的意识，让学生体验到成功的喜悦与满足。

"如果你想要儿童变成顺从而守教条的人，你就会用压服的教学方法；而如果你想让他们能够独立地、批判地思考并且有想象力，你就应当采取能够加强这些智慧品质的方法。" 政治课主题教学要促进学生的深度学习，实现学生自能发展，民主教学当是其最好的落脚点。唯有民主，才有生动活泼，才有个性解放，才能到达教育理想的彼岸。

（本文刊登在《中学政治教学参考》2011年12期）

质疑意识是深度学习的重要表现

传统的学习方式因为其碎片化、浅显化、机械化饱受诟病，这样的学习方式更侧重于浅层学习，是以考试为导向而不是以学生为中心，是以知识为本位而不是以能力素养为根本，不利于学生的思维发展和关键能力的形成。而与浅层学习相对应，深度学习更强调理解，强调在浅层学习的基础上进行综合、迁移和运用，强调在新知识与原有知识体系融入基础上形成的批判性思维。

批判性思维作为高阶思维，起源于质疑。苏霍姆林斯基说过："有经验的教师总是牢记着亚里士多德的那句名言：思维是从疑问和惊奇开始的。"这就说明政治课主题教学必须从学生的实际出发，培养他们的质疑能力。因为人的思维活动起始于问题，有疑问才会去思考。古人将学习称为"做学问"，做学问就要敢于挑战常识、挑战权威、挑战"不可能"，敢入无人之境、敢闯未知领域、敢破"未解之谜"；做学问要善于对新问题、新发现进行研究，提出新解释、构建新理论。疑的结果可以是肯定，也可以是否定。疑后的肯定是进步，疑后的否定也是进步，很可能是更大的进步。"疑"是开花，"新"是质疑之花结出的硕果。

作为学生，只有在理解知识的基础上勤问好问，才能打开创新之门。著名的教育家孔子认为："善问者如攻坚木，先其易者，后其节目，及其久也，相说以解。不善问者反此。善待问者如撞钟，叩之以小者则小鸣，叩之以大者则大鸣，待其从容，然后尽其声。不善待问者反此。此皆进学之道也。"这段话，充分说明质疑意识在教育教学过程中的重要性。因此，培养学生的质疑意识成为新课程下的课堂教学的必然要求。只有通过各种方式鼓励学生、引导学生去发现问题、提出问题，才能为自身创新意识的形成打下良好的基础。

一、开发潜能，激活质疑品质

从心理学角度讲，质疑意识是一种思维的品质，是指个体在认识的过程中经常意识到一些难以解决的、困惑的问题，并因此产生了一种怀疑、探究的心理状态，在这种状态驱使下，个体会不断地积极思维，不断地提出新的问题，解决问题。这种心理品质往往会促使个体发现寻常之处的不寻常，导致产生认识上的新领域和新视角，这就是创新。每个人都存在着这样的潜能，教学的目标，就在于如何开发潜能，激活质疑品质，使学生真正成为学习的主人和新知识的探索者。

要开发这种潜能，使学生进入思维的状态，必须具备以下两个条件：首先要让学生产生强烈的学习动机。学习动机是问题的原动力，一切怀疑离开"对未知的渴望"，便如无源之水，无根之木。传统的教学模式经常忽视学生是一个个活生生的个体，有自己的喜好和想法，课堂教学的氛围和内容不能让学生产生良好的学习愿望，当然也就无从谈起"质疑意识"的产生。对此美国的布鲁巴克有过精辟的论断："最精湛的教学艺术，遵循的最高准则就是让学生自己提问。"因此课堂教学要结合学生身心发展的实际，选择学生感兴趣的切入点，激发学生的学习动机，使其主动提问。

其次要让学生产生强烈的思维动机。孔夫子说过："不愤不启，不悱不发，举一隅不以三隅反，则不复也。"良好的课堂教学关键在于调动起学生主动思维的积极性。在传统的课堂教学中最常见的就是教师总想通过自己的传授解决学生的一切疑惑，不能让学生存疑。长此以往，学生的思维习惯于接受现成的结论，就不会主动学习，进而不会怀疑和提问，也就丧失了创新的精神。其实有疑问是学习新知识、产生新思想、发现新观点的起点。"存疑"是有意义学习的前提，是深度学习的表现，一个勤于思考的人，总是最先提出问题，最善于发现问题，他就最可能获得真知。

二、创设情境，培养质疑习惯

古人云："大疑则大进，小疑则小进，无疑则不进。"没有疑问，就没有反省，就没有深度学习的发生，也就不可能实现教育的预期目标。政治课主题教学要培养质疑的习惯，必须创设有利于学生发现问题，产生怀疑，提出问题的情境。

良好的课堂情境至少要包含这样三个要素：第一，积极的质疑氛围。智慧的种子发芽于积极的土壤。营造积极的课堂氛围是培养质疑品质的基础。在教学过程中的师生关系是影响课堂氛围的重要因素，教学中，教师要遵循民主教学的原则，尊重学生的人格和个性，保持民主、平等、和谐的人际关系，消除学生在学习中的紧张感、压抑感和焦虑感，让学生在轻松、愉快的气氛中显露灵性，展现个性。有了这样的适宜的环境，学生的质疑意识就可以获得充分发挥和展示，各种奇思异想、独立见解就会层出不穷。长期坚持，学生的质疑习惯自然养成。

第二，充分的质疑时空。质疑要经过一个复杂的思维过程。它牵涉到感觉、知觉、注意情感等多种心理因素，因此，课堂质疑一定要有充分的时间给学生思考，课堂教学要有留白，时间越是充分，问题也就越多越精彩；在学生进行质疑时，不可随意打断学生的表述，尽量让学生完整地提出自己的疑问，让质疑者充分感受到自己的思考被重视，自己的人格被尊重。

第三，积极的质疑评价。施教之法，重在让学生充分体验成功。政治课主题教学中对学生质疑品质的培养，离不开在学生思考、提问时教师的积极评价和鼓励，因为任何一种想法都代表着人类的一种智慧。

要经常鼓励那些积极提问的学生，对学生提出的各种意见、观点，不要简单地做出定性的判断，不仅要多做一些肯定的积极的评价，还要在此基础上适当激发由学生问题产生的新探究，让思考者充分体验质疑的成就感。这种状态将不断激励学生产生新的想法，大胆地向同学质疑，向老师质疑，向教材质疑，在质疑中求疑，在求疑中创新。

三、合作探究，发展质疑能力

著名教育家赞科夫说过："只要学生能提问题，这就是重要的条件之一，它有利于形成和巩固同学生对学习的内部诱因。单纯地听教师讲课不能充分发动学生的精神力量。"而合作探究的形式可以使成员间的互补性得到发挥，让他们有机会去倾听别人的意见，学会进行思维交流，他们互相质疑，互相帮助，共同商讨解决问题的方法，既发展了自身的质疑能力，又培养了他们的合作能力。后者正是知识经济时代的人类发展要求。当今人类许多重大的发明创造和理论突破通常是通过许多人共同研究而实现的，这一点从每年的诺贝尔自然科学奖的获得者事迹介绍中就可见一斑。合作探究中的同伴质疑还有利于体现以学生为中心，让学生体验建设者和领导者的角色，调动学生深入探究的积极性。

合作探究的核心在于学习者之间的信息交流和思维碰撞。要搞好合作探究，课堂教学要注意以下三个问题：

第一，转变教师角色。合作探究的主体只能是学生，也只有在同龄人的场合里最能消解学生质疑的压力，释放质疑的能量。教师在其中的角色，主要在于充当思维方向的参谋者、思维信息的提供者和解决问题的合作者。

第二，改变课堂组织。要实现合作探究，传统的大班级形式一方面会增加一些内向型、基础相对一般的学生的质疑心理负担，不利于他们质疑能力的发展；另一方面由于成员太多，考虑到时间因素，会客观上减少质疑的机会。因此课堂组织应适当增加小组学习和个别化学习，既可以让教师有机会对那些不能或者不善于提出问题的学生进行跟踪辅导，又可以倍增合作探究、思维碰撞的机会。

第三，增加课堂信息。学习作为一种学习主动建构的过程，也是学习者与外界的信息发生互动的过程，合作探究要取得理想的效果，必须增加课堂的信息量。从信息学的角度看，大量的信息是培养学生质疑能力的物质基础。在传统的课堂教学里，教师给学生提供的信息是单向的，即师授生受，学生对信息缺乏主动性和选择性，往往难以满足自身需要，因此要善于借助网络、图书馆、大自然等多种形式，丰富合作探究的信息。

"善学者，师逸而功倍，善教者，生逸而功倍。"只要我们心中装有每一个学生，根据学生的实际情况，不断优化政治课主题教学的方式方法，一定可以实现新课程改革的目标。

（本文刊登在《21世纪教育导刊》2005年1期）

任务驱动是促进深度学习的重要策略

——以《中国经济发展进入新时代》主题教学为例

一、真实体验，促成学生积极学习

心理学研究告诉我们，当人的情感处于消极状态时，大脑皮层是抑制的，认知活动也很难真正发生。我们的政治课堂学习调查发现，学生普遍讨厌教师知识的灌输和观点的强加，在照本宣科的课堂上，学生的情感是消极被动的，对知识的学习仅仅停留在为了考试进行简单的记忆和机械的刷题上，其真实的学习很难发生，培养学生的政治认同、坚定社会主义理想信念等政治课的深层教学目标自然难以实现。政治课主题教学研究中，我们发现，学生如果能够将书本知识与生活情境有机结合在一起，在学生自我生活经历的基础上进行新知识、新观点的学习，学生往往有浓厚的兴趣，学习也积极主动，不仅能够让他们对习得知识有更好的记忆留存，还容易将知识向其他类似情境进行迁移。这表明，基于学生真实体验的学习可以促成学生积极主动的学习，推动学习由浅层次向深层次发展。因此，任务设计中，要设计这样的任务——努力让学生的真实生活或者接近真实的生活成为情境任务，让学生在任务完成中形成课堂的生成，擦出他们智慧的火花。

《中国经济发展进入新时代》是新编教材，教学的重点和难点在于学生对新时代的理解。因此，简单的结论介绍是不能有效实现这一教学目标的。必须在学生充分感受和体验的基础上，让学生对新时代进行自我认知。因此，本节课主题活动情境主要围绕学生自我体验而展开。

【自主预学】环节，我布置了这样的"预学任务单"。

1.预学任务一：

目标：以"你好，新时代"为主题，了解南通自十八大以来的巨大变化事实；以此为基础谈谈你对"历史性的变革"的理解。

要求：回答要有一定的逻辑性。

2.预学任务二：

目标：模拟记者，采访自己的家人和邻居，了解他们的幸福感和对更美好生活的期待。

要求：对采访内容进行归纳总结。

实际教学中，由于设计的任务情境都是学生身边发生的事情，本身就激起了学生积极参与的热情。尤其是在现在的教育状态下，学生们的时间和注意力更多在课内，对十八大以来发生的巨大变化最多也是对报刊电视上报道的重大事件有所耳闻，对身边发生的事情的了解只是一鳞半爪。"预学任务"要求学生从身边自己归纳现实材料，巧妙地将历史性的变革投射在学生熟悉而又陌生的生活中，使学生的任务完成既有操作性，又有一定的好奇感，唤起了学生的学习热情，形成了积极主动的学习态度。在此基础上，学生对自己收集的信息进行挖掘、梳理和归纳，完成既定任务。虽然在过程中会遇到一定问题，如对象选择单一、问题设计不清晰等，但学生热情高涨，能主动克服困难；同时，根据任务要求进行一定的理性思考，把自己经历与时代的发展结合起来，在加深对经济社会变革的认知中领悟到党的领导与国家富强、民族振兴、人民幸福的关联性。

二、角色扮演，促使学生主动建构

建构主义认为，知识学习的过程并不完全是一个被动接受的过程，而是将新的知识不断融入内化到旧的知识体系的一个主动过程，这个过程既是知识的建构过程，也是知识不断内化的过程。具有建构知识的意义的学习，无疑是一种深度的学习。传统教学中，学生对书本上基础知识和基本技能的习得仅仅是为了帮助应对测试。这种浅层次学习获得的知识在完成高考考试终端任务后也结束了它的使命，不能内化成学生自己的基本素养和关键能力，不能够帮助学生成功适应今后社会和职业的需要。真正的学习需要在基础知识学习的过程中形成分析、评判、协作和创新等能力，以适应未来社会的角色需要。政治课主题教学中，我们在"小组合作探究"环节，设计学生"角色扮演"的任务，要求学生在基本知识学习的基础上，通过完成相应的角色任务，有效驱动学生由被动接受向主动建构转变，唤醒学生的潜能与创造力，学会在实践中运用知识，解决问题。

【合作探究一】我们设计了这样的任务单。

任务卡一：

目标： 1.模拟记者，报道人们对更美好的生活有哪些期待。

2.作为评论员的你们，请分析制约满足人民美好生活需要的主要因素，如何解决这一问题。

要求：1.小组合作交流；

2.集中展示评价。（评价标准：要有角色感，要有逻辑和条理，评价要具体）

实际教学中，按照"小组合作探究—各组汇报展示—学生互相评价"的程序进行。在明确的任务指引下，学生小组主动探究摸索，分工协作，互助和谐。"模拟记者"们本着客观真实的态度，全面了解到现实中还存在的诸多问题，如交通拥堵、食品药品安全、网络诈骗、信息泄露、农村环境、医疗资源、学区房等。因此在"记者报道"环节，能够按照媒体记者的角色任务将人们对更美好生活的期待真实地反映出来，大部分能够将自己收集的信息顺利归纳为物质文化生活有更高要求、有令人满意的教育、更高质量的就业、更加合理的收入、更加公正的社保、更高水平的医疗、宽敞舒适的住房、优美宜人的环境等方面。并将解决好发展不平衡不充分的问题，按照新的发展理念大力提升发展质量和效益，更好地满足人民在经济、政治、文化、社会、生态等方面日益增长的需要，更好地推动人的全面发展、社会全面进步。学生在完成评价任务时，基本上能够根据标准要求，对其他小组的合作学习成果进行合理公正的评价。在这个过程中，学生进一步把书本知识与实践联系起来，形成了自我对知识更为灵活和深刻的理解，在倾听、交流评价的过程中，学生们的视野得到拓展，实现了思维共振和智慧共享，其学习不是被动的，而是主动建构的。

三、高阶思维，促进学生归纳推理

所谓高阶思维，是指发生在较高认知水平层次上的心智活动或认知能力。它在教学目标分类中表现为分析、综合、评价和创造。深度学习强调学习者能批判性地学习新思想和事实，并融入原有的结构中，促进学生对知识的理解和应用。深度学习的发生，意味着学生不是像传统教学中那种简单的复制和记忆，而是在一种批判或怀疑的态度下对所学知识进行深入思考，归纳推理，从而形成对知识的理解和应用。

在本框题中，对新时代的"主要矛盾的变化"和"发展中国家的国情和基本路线不变"是认知上的难点。如果只是简单粗暴地死记硬背，虽然能形成对这一新知的记忆，但学生不能形成对这一问题的深入思考，也达不成思维培养的目标。在实际教学中我们设计了这样的思维任务，促进学生分析归纳综合的能力养成。

【合作探究二】据南华早报消息，美国商务部负责国际贸易的副部长卡普兰，在出席位于纽约的一场高端论坛时说："中国的经济体量如今排名世界第二，紧跟美国其后。中国应该是发达国家，不能假借发展中国家的名义，大搞非市场经济，从而对美国的战略产业造成威胁。"

任务卡二：如果你是新闻发言人，请你对卡普兰的"中国是发达国家"进行批驳。

要求：1.有理有据；2.言简意赅。

注：发达国家指经济发展水平较高、技术较为先进、生活水平较高的国家。

从能力要求来说，评价分析属于"论证和探究问题"的能力范畴，需要辩证认识归纳推理，属于高阶思维，需要深度学习。要进行高阶思维，则不能脱离必要的"脚手架"。本项任务设计中，我们用"注"来做思维的脚手架，引导学生进行分析、归纳和推理。在任务的引导下，学生通过自己的探索、思考，用大量的数据和实例佐证，基本形成了这样一些观点。一方面，肯定我国在经济总量、对世界经济增长贡献率、个别科技领域、经济国际化程度等方面与发达国家相比差距不大甚至有某些优势；另一方面，我国在人均收入、国民生活水平、整体科技发展水平、产业结构、经济发展平衡性等方面与发达国家的水平还有一段距离，"我国仍处于并将长期处于社会主义初级阶段"。更为重要的是，有同学还由此分析到美国这种观点的目的是不希望中国在国际上享受发展中国家的优惠，从而恶化中国发展的外部环境，达到遏制中国发展的目的。这样的结论，运用了分析与综合、归纳与推理等思维方法，从思维上说是辩证的，从知识上说是拓展和延伸的。

政治课主题教学中，学生带着真实的任务在探索中学习，在完成任务的驱动下有效改变了学生的学习状态，激发出他们学习的积极性和主动性，在有趣的经历和任务完成的获得感中不断走向深度学习。

（本文刊登在《教育研究与评论》2019年10期）

思想政治课主题教学中转识成智的实践策略

——以《源远流长的中华文化》教学为例

一、研究的缘起

作为一种习惯，每逢给新生上"政治第一课"，笔者会做一个现场调查，一则拉近与学生的距离，更重要的是想掌握他们对思想政治课的要求。在问及"喜不喜欢上政治课"时，几乎从来都是60%以上的"不喜欢"，再究原因，"假的""枯燥""空洞"等不一而足；"你们是怎么学习政治？"80%回答是"画重点，背书，做题目"。再想了解点以往的政治知识，绝大多数回答是忘记了。

1.传统化的教育培养了学生的等待思想

虽然我国古代教育理念早就有"学而不思则罔，思而不学则殆""不愤不启，不悱不发，举一隅而不以三隅反，吾则不复也"等，鼓励学生思考，以启发式教育来引导学生内化知识，形成自己的智慧的科学思想，这些教育思想即使放在今天层出不穷的所谓"教育新理念"中也是合乎潮流的真理。但几千年形成的教育传统中，占据主流的教育思想还是"师者，所以传道授业解惑也"等，将教师捧上知识供奉的高台，"程门立雪""天地君亲师"等与现代教育理念截然相左的思想也慢慢沉淀为传统化的教育。虽然在今天无论是时代还是体制等社会存在有了巨大的变化，但作为一种教育意识，等待"一桶水"的老师给自己"一碗水"也潜移默化为学生学习中的一种潜意识。

表现在思想政治课的学习中，学生习惯于老师在复习时给出一个范围，确定一定的重点，呈现相关问题的答题模式，然后囫囵吞枣地将相关知识短时间强记下来，临到考试时去生搬硬套地"搭"起来，考试以后不久就几乎全部忘光。不谈形成智慧、养成德性，就是最基本的基础知识也难以真正掌握。

2.简单化的教学养成了教师的懒惰习惯

"钱学森之问"引发的对当今教育改革成功与否的大讨论，使每一位国人都敢对教育作出种种自以为是的批判。面对着几乎是全社会对教育的批评和责难，"教育家们"纷纷给出了自己的"良方"，"最美的教育就是最简单的教育"就是一例。诚然，"好的教育不用搞得太复杂"，这是从教育的根本目标而言，这应该是最为宏观的一种教育概念，简单地说，教育就是把孩子培养成心理健康、智慧出色的人。但落实到具体的教育实践中，在具体的教学课堂上，从来就没有简单的教育，它是一门心灵的艺术，需要教师的心血、智慧和汗水。

尤其是在政治课堂上，教学绝对不是"背""练""讲"这个三字经那么简单。但这个三字经对时下不少教师而言则是最为简单、易操作、省心的，依据这一模式的思想政治课教学如果从功利的应试成绩而言，不一定是失败的，但要让学生产生兴趣，将知识转化为自己思维方式和行为准则，恐怕南辕北辙。

二、改变的策略

1.转识成智——政治课教学的必然要求

转识成智源自佛教，"识"是"心识"，"智"是"智慧"，原指"主体人由分别为主、由'我执'、'法执'的意识活动转变为整体理解的无分别、无执着的智慧"。后来，我国著名哲学家冯契先生对此进行了基于唯物主义的改造，他认为"转识成智"就是"化理论为方法、化理论为德性"，即让认识主体通过对知识的理解、运用与体认，使知识"转化"为认识主体的思维方式和言行准则，将"知识"转化为主体自我求知、做事、做人的"素养"。基于冯契先生的观点，结合思想政治课的核心目标——培养"个体在解决复杂的现实问题过程中表现出来的综合性品质"，笔者认为，思想政治课主题教学要着力于培养学生将"知识转化为智慧，由智慧转化为德性"，本文以《源远流长的中华文化》教学为例，探究转识成智的实践策略。

2.实践操作——以《源远流长的中华文化》教学为例

2.1基于导图的可视化策略——变接受客体为建构主体

建构主义认为："知识不是通过教师传授得到，而是学习者在一定的情境即社会文化背景下，借助学习时获取知识的过程中其他人（包括教师和学习伙伴）的帮助，利用必要的学习方式（包括资料），通过意义建构的方式而获得。"基于导图的可视化策略就是让学生将书本知识通过一定的图表形式表现出来，以此来呈现知识结构和学习思维过程的方法。课堂教学引入导图，有助于学生学会自主建构。

思想政治课教学离不开知识，教学过程的重要内容之一就是传播知识，从这个意义上说学生是知识接受的客体。但是，教学的根本目的不是为了传授知识，而是要让这种知识获得学生的理解和体认，以至于运用，而凝结为自我的智慧，最终成为自身的德性。因此，笔者在主体教学实践中，运用"导图"这一可视化的操作策略，让学生变被动接受的客体为主动学习的主体，在感性认识的基础上逐渐积累自己的理性认识，收到良好的效果。

2.1.1 文本阅读结构图——变配角为主体

《源远流长的中华文化》主题教学实录：

在教学设计中，第一阶段先让学生进行"自主预学"，任务如下：

任务（1），课前阅读本框文本，画出本框知识结构图。

任务（2），结合中华文化在古代走过的辉煌历程，选取一种文化形式，演绎它的发展过程。

在"新课教学"环节中，笔者首先请同学们在学习小组中进行各自的"本框知识结构图"交流，最后选取一幅代表本学习小组进行班级展示。

由于学生在自主预学中对"中华文化发展的历史"已经有一定的认知基础，因此能比较完整地勾画出本框题的知识结构，为接下来的合作探究中能较好地调动知识解决问题打下了基础。

一般的教学中，知识结构图从教学时段上往往出现在教学的最后阶段，展示的主体通常是教师，其作用往往是用来作为教学小结来收束全堂教学，学生则是被动的配角。学习是一个积极主动的建构过程，学生不能仅仅是被动地接受外在信息，更需要主动地和有选择性地知觉外在信息，建构当前事物的意义。在学生自主预学阶段，让学生在阅读文本的基础上将文本知识结构直观地呈现出来并进行相互的交流，有效提升了学生对文本概括和归纳能力，加深对文本结构的理解；同时，绘制图画可以强化知识结构在大脑皮层的刺激作用，还能在接下来的学习中引导学生的思维和注意。

2.1.2 知识归纳思维图——变知识为体认

《源远流长的中华文化》主题教学实录：

在新授知识结束阶段，从课堂进程来讲进入"主题教学"的第三阶段"反馈提升"，任务如下：

"反馈提升"：任务（1），结合本课所学，请你画出本课自己归纳的知识思维导图。

任务（2），以学习小组为单位，寻访本地区一种具有传统特色的文化形式，为日本同龄人做一个"文化之旅"攻略。

课堂巡回中检查学生画思维导图时发现，有少数学生仍停留在画结构图阶段，没有真正理解思维导图的个性化和逻辑性特征，但大部分学生还是能画出带有自己思维认知个性的导图来。

书本知识要转化为学生个体的体认，需要思维的概括、综合，还需要对知识进行发散、聚合、转化等。在新课知识结束的基础上让学生画出具有个性的知识思维导图，首先，可以让学生对自己学习的过程进行有效的整合，促成学生形成知识的整体的观念，自己的头脑中生成知识的全景图；其次，可以促进学生建立自己理解的系统完整的知识框架体系，使整个学习思维过程显得更加系统化和个性化，形成个体对知识的深加工，有效提升学生对所学知识理解和内化程度；再次，可以让老师在"反馈提升"环节迅速发现学生知识结构把握上的个体缺陷，有助于提升课后反馈交流的针对性。

2.2基于问题的情境化策略——变知识积累为主动探究

问题是探究之本、智慧之源。关注问题，是遵循思想政治课教学的规律的必然要求，提出问题并解决问题是走向智慧生成的必由之路。而知识来源于生活实际，学以致用是它的根本目的与归宿。将问题与情境结合，在探究中解决问题，可以有效促进学生对知识的消化与运用，达到学习的根本目的。

　　思想政治课主题教学中以学生的现实生活材料取景，在他们熟悉的鲜活生活中挖掘基于问题的情境资源，对于学生来说一方面显得亲近自然，另一方面比较熟悉真实，容易让学生代入其中，产生兴趣，有话可说，乐于参与。

　　2.2.1 融知识于生活——由境生趣

　　《源远流长的中华文化》主题教学实录：

　　主题情境介绍：今年恰逢通州区与日本羽咋市缔结友好城市15周年，羽咋市派出20名中小学生来通州民宿一周，我校高二有8个学生家庭被选为民宿接待对象，学校为此进行了一系列的政策宣讲。与日本同龄人近距离的接触也引起了同学们的强烈反应，不少同学都对被选中学生给予了极大的关注。

　　本课以此入情境，将中华文化的学习放在中日学生交流的背景下，引起了学生的极大兴趣。

　　兴趣是最好的老师，将生活情景引入问题情境，可以极大地调动学生参与欲望，激发主动探究的动机。中学生长期在校园生活，对外界社会了解有限，笔者以"国际友人民宿交流"为主题情境，符合从学生的实际出发，将"中华文化"的有关知识融入"民宿的故事"，注重学生的体验和感受，有助于将平面的书本知识转化为立体化的实践。

　　2.2.2 化知识于问题——由知生慧

　　《源远流长的中华文化》主题教学实录：

　　情境问题：我校高二有8个学生家庭被选为本次中日友好交流民宿接待对象。寻找共同的话题，有利于迅速拉近彼此的距离，中日共处东亚文明圈，源远流长的中华文化无疑是中日两国人民的共识。为此，请你为这些家庭献计献策。

　　任务（1），在"预学任务2"的基础上，请你结合本地区的一种文化形式，向日本同龄人演绎它的发展过程，介绍它的特点。

　　任务（2），了解日本当今在国际上有影响的文化现象，与日本同龄人在沟通中互通有无（动漫）。

　　任务（3），想一想：古代和现代，中日文化的表现有什么差别。简要分析其原因。

关注问题，是思想政治课课程标准的规定，也是课堂教学的本质要求。化知识为问题情景，将所学知识问题化设计，让学生带着问题有针对性地认识情境，这是主题教学的一种重要特征。知识问题化设计可以引导学生自主地探究，对相关问题进行思考，做出解答，促进学生的智慧生成。因此，将知识转化为问题，是主题教学的根本所在。问题情境的设计需要由浅入深，有序推进，前后相继，互为支撑，把学生的思维逐步引向深入。需要注意的是主题教学中的问题设计并不是要对知识点进行设疑、质疑和解疑，而是抓住关键问题，选取重点知识、难点知识来结合情境设疑，不能琐碎，更不能面面俱到，让学生分不清主次，难以形成自己的准确评价和认知。

2.3基于德性的行动化策略——变知识存储为实践运用

课堂教学是师生生命共度的一个过程，这一过程也是师与生、生与生信息传递的互动，更是各方情感交流的人际交往。而思想品德课价值之一在于培养学生的德性，以生活实践来触及学生的心灵，激活其内在的情感，追求真善美，塑造自己独立的人格。因此，在思想政治课主题教学中要转识成智，需要学生从存储知识转变为运用知识，并在知识的实践运用中积淀形成个人的智慧德性，在合作探究中促进学生的实践运用无疑是必然之选。

2.3.1 学生展示主动构建——变存储为运用

《源远流长的中华文化》主题教学实录：

"自主预学"任务（2）结合中华文化在古代走过的辉煌历程，选取一种文化形式，演绎它的发展过程。

"新课教学"环节，笔者先让同学们在学习小组中对小组的"文化演绎"进行修改完善，然后选取2个小组代表本学习小组进行班级展示。

小组合作学习时，同学们根据自己的课前预学，对中华文化的辉煌发展，或从汉字、或从书法、或从建筑、或从曲艺等许多方面加以介绍，看得出他们做了相当充分的准备，形成了比较深刻的认识。

选出的两个小组展示时，他们都制作了精美的PPT，分别以"建筑：凝固的艺术"和"汉字：中华文明的名片"为题做了图文并茂的解说，其

第二模块　实践策略

81

他学生纷纷报以热烈的掌声。

陶行知先生说过，小孩子有不可思议的力量，小孩子能做先生，做先生不限定师范毕业。他创立的"小先生制"不仅促进了儿童的自我学习，还培养了团结友爱、互相合作和竞争的团队精神，学生的责任心、交往合作、心理健康水平等也有很大提高。

学生展示，正是小先生的体验。学生自己讲解知识，如果能自己讲清楚，那必然是确实理解并能运用了；自己讲解过程中，又会不断发现知识上的掌握和运用中的不足，其他学生或者老师的补遗可以更好地帮助学生实现其自我建构的意义。本课的重点在于让学生充分感受中华文化的源远流长，要想获得对中华文化发展的完整理解，把握其灿烂与辉煌，厘清其脉络与历程，光凭一节课45分钟和一名教师，是远不能实现其目标的。但通过自主预学和小组合作学习，在生生之间、师生之间的相互合作与交流间，古老的中华文化在课堂上被展示得熠熠生辉，全体师生都沐浴在中华文化的星河，接受其悠久灿烂的洗礼。

2.3.2 情境体验积极践行——化知识为德性

《源远流长的中华文化》主题教学实录：

在新授知识结束阶段，进入"主题教学"的第三阶段"反馈提升"：

"反馈提升"任务（2）以学习小组为单位，寻访本地区一种具有传统特色的文化形式，为日本同龄人做一个"文化之旅"攻略。

学生对这个反馈任务非常感兴趣，纷纷要求这个任务的展示放在下周的课堂进行，以便可以利用周末时间充分完成。

在下周二的政治课前，每个小组都带来了他们的文化之旅出行计划，将南通地区的特色文化几乎一网打尽。从他们洋溢着快乐和自信的笑脸上就能感受到他们对家乡的喜爱。

思想政治课很多时候被视作德育的一部分，而德育其实更应该是一种自我教育。学校德育很多被学生所逆反，一个重要原因是将德育简单操作成"讲解规范—落实规范—检查落实—规范惩戒"，相应地，思想政治课教学也就被归为"说教"，为学生所厌弃。其实，德性的养成应该是创设情境让学生去体验，让学生通过体验、反省、认知和践行来自主完成自身的道德建构。所以，教学中，我们一定要把学生置于一个道德主体的位置上，而不能始终是，或者仅仅是让学生作为他人道德生活的"旁观者"或"评判者"。

思想政治课主题教学中，笔者经常有意无意地打破课堂教学的局限，利用"课前预学"和"课后反馈"，将课堂体验与课后实践结合起来，让学生自觉走进自己的生活，去关注和思考生活中的各种问题，努力促进他们养成一种将知识融入生活和生命的习惯。通过践行，外在的道德规范最终才有可能转化为自己的内心信仰，长此以往，他们将生成一种道德智慧，形成一种个人德性，在未来生活中面对道德困境时，能更好地判断、抉择、行动。

（本文刊登在《中学政治教学参考》2016年10期）

思想政治课主题教学培养核心素养的三种武器

——以《我国的社会主义市场经济体制》主题教学为例

古龙武侠小说中江湖上传说有七种武器，每一种武器各有寓意，精妙绝伦，使用起来则令人闻风丧胆，无往而不胜。思想政治课主题教学也有三种武器——"长生剑、孔雀翎、多情环"，他们是培养学生核心素养的"X"因素，组合使用，能形成强烈的核聚变。政治学科核心素养是思想政治学科育人价值的集中体现，是学生通过思政学习而逐步形成的正确价值观、必备品格与关键能力。笔者以团队展示的《我国的社会主义市场经济体制》主题教学为例，演绎使用这三种武器培养学生的核心素养。

长生剑——精研课标，定准方向，"欲上青天揽明月"

长生剑是古龙"武器系列"的第一种武器，一把神奇的剑，象征着能轻松地实现目标，这正如思政教师对《普通高中思想政治课程标准》（以下简称《课程标准》）的精准研读。教学的第一步总是确定教学目标，因此，精研课标是培养学生核心素养的第一步，只有精准把握课程标准要求，才能预设科学合理的教学目标和实现路径，实现对学生核心素养的培养。目标定位是思政课堂的灵魂，具有统率全局、导向和调控作用，明确了教学目标，也就确立了最核心、最须解决的问题。所谓"方向不对，努力白费"，你要带学生去哪里，自己必须明晰自己的终点目标在哪里。

精研课程标准不是简单地阅读，是对课程标准全面准确深刻透彻的研究。完整的课程标准研读要认真关注课程标准内容要求和学业质量水平描述。课程标准内容要求与学业质量水平描述存在着内在联系，事实上，之所以制定学业质量标准，划分不同水平，目的就是帮助教师更好地把握教学要求，做好核心素养目标预设，因材施教，同时也为考试评价提供依据。

精研课标须坚持整体意识，一要将本节内容放在《经济与社会》的模块中来认识核心素养的目标要求。本节课内容属于这一模块中的"经济制度与经济体制"这一主题，主要讲述中国特色社会主义经济建设中的基本原理，本节内容是我国社会主义市场经济这一经济运行体制的内容，偏重于理论背景介绍。整体意识的第二个方面是要把本节内容和其他模块相联系，如《当代国际政治与经济》《财经与生活》，本节课内容是以上模块相关内容的学习基础。因此，预设本节课核心素养目标要注意整体着眼，完整和全面地把握。

本节课程标准内容为：阐述建设高标准市场体系的意义，辨析经济运行中政府与市场的关系，解析宏观调控的目标与手段。

然而，理解公有制为主体，多种所有制经济共同发展，按劳分配为主体，多种分配方式并存，社会主义市场经济体制等社会主义基本经济制度，既体现了社会主义制度的优越性，又同我国社会主义初级阶段社会生产力发展水平相适应，是党和人民的伟大创造。

无疑，完整把握本节课程标准要求，就必须把"理解社会主义市场经济体制作为社会主义基本经济制度体现了社会主义制度的优越性，是党和人民的伟大创造"的内容同样作为本节课的课程标准内容，研究其相对应的学业水平标准，最终确定本节课最准确的核心素养目标要求。

精研课标还要坚持问题导向意识。即在仔细学习和研究课程标准的基础上明确教什么，为什么教，怎么教，教到什么程度。弄清以上问题，整体构建课程内容，增强可操作性。这就要深入研究并理解新课标学业水平质量标准和水平划分的内涵，把握其内在联系，科学预设本节课核心素养目标。

思想政治学科学业质量水平分为4级。学业质量水平二是高中毕业生在本学科应该达到的合格要求。学业质量水平三是学业水平等级性考试的命题依据。学生水平四的相关表现纳入综合素质档案中予以呈现，作为普通高等学校招生录取、自主招生的参考。

经研究，本节课内容涉及的学业质量水平描述应该有：

水平	质量描述
1	1-1了解社会主义制度的特征。 1-2运用相关学科的方法，表述相关体制运行的意义。 1-3解释公民依法行使权利、履行义务的行为。 1-4结合公民参与的情境，表明公共参与是体现人民主体地位的应有之义。
2	2-1分析具体事例，归纳中国特色社会主义经济制度的特点和优点。 2-2运用相关学科的方法，在实践中反思各领域既有政策和体制、机制方面的限制性条件，解放思想，评估其对国家和社会发展的影响。 2-3剖析实例，阐明法律面前人人平等的法治理念，证实依法维权的好处。 2-4针对人民当前关注的公共事务，评议政府履行职责的行为。
3	3-1选择恰当论据，在全球视野中比较各国发展道路，论证只有中国特色社会主义才能发展中国。 3-2针对经济活动中的重要议题，运用相关学科原理辨识各种选择方案，预测未来发展走向，作出恰当的研判。 3-3针对经济活动中的行为误区，阐明法治保障对提高生活品质的作用。 3-4抨击漠视、损害公共利益的行为，表达公共参与的强烈意愿，提出率先示范的行动方案。

水平	质量描述
4	4-1跟进全面深化改革的进程，论证坚持中国特色社会主义制度毫不动摇的理由。 4-2直面经济建设中的问题和挑战，秉持建设性批判的态度，解放思想，实事求是，采用相关学科的探究方法进行正确判断和选择。 4-3论证依法办事的意义。 4-4评析各种指向公共机构的质疑，解释公民在公共参与中与各领域、各层级公共机构的互动关系。

很显然，以上相关学业水平要求的内容不可能全部呈现在本节课的核心素养要求中，不然一方面显得内容繁多不分轻重，另一方面还容易让教学过程碎片化，缺乏整体性。根据本节课教学内容的重点与难点分析，结合"理解——顺着道理进行分析""阐述——阐明陈述""辨析——辨别分析""解析——深入分析"的不同要求，本节课我们的核心素养的基本预设跃然纸上。

政治认同：让学生通过感受社会主义市场经济体制的优势（1-1），理解我国社会主义市场经济的基本特征（2-1），体味党的领导这一中国特色社会主义最本质的特征（3-1），坚定道路自信（4-1）。

科学精神：辩证认识市场作用的优缺点（2-2）；通过有效市场和有为政府的作用，全面认识政府与市场的关系（3-2）。

法治意识：从建设高标准市场体系的角度认识法治、规则的作用，公平竞争，诚实守信（2-3）；市场参与者应该学法、懂法、守法、用法、护法，运用法律武器维护自己的合法权利（3-3）。

公共参与：任何市场参与者都应该树立诚信意识、遵循市场规则、维护市场秩序（1-4）；关注社会主义市场经济中政府的经济职能的行使（2-4）。

第二模块 实践策略

孔雀翎——精选情境，巧架桥梁，"为伊消得人憔悴"

"孔雀开屏，绚丽夺目；其名武器，别有风情。"孔雀翎这一武器使用起来美丽得就像孔雀开屏一样，辉煌灿烂，在你目眩神迷时，它已经达到了目的。思想政治课主题教学核心素养培养的"孔雀翎"无疑是情境。华南师范大学陈友芳教授认为，"核心素养强调个体在面对复杂的、不确定的现实生活情境时，综合运用本课程的学习所孕育出来的学科知识与技能、学科思想与观念，在分析情境、应对挑战、发现问题、确认问题、思考问题、解决问题的过程中，表现出来的坚持正确世界观、人生观、价值观，参与解决、政治、社会、文化生活的关键能力和必备品格"。可见，情境在学生素养培养中起着重要的桥梁作用。关键能力是学科核心素养的关键要素，是学科素养的细化和具体体现，是在现实情境实践中表现出来的知识、素养、意志的集合体，是学生知识的运用能力，强调独立思考、分析问题和解决问题、交流与合作等学生适应未来不断变化发展社会的至关重要的能力。要培养学生核心素养，形成关键能力，就必须精选情境。新课程改革中学生充分暴露出阅读复杂情境题目的能力弱，遇到材料信息量大，设问情境化的题型往往方法不多，容易形成思维定式，只想着书本上的话，不能灵活结合情境变通。其根本原因就是课堂教学没有将情境化作为教学常态，尤其是复杂情境教学不够。

精设情境要坚持适恰意识。适恰首先是要学业水平与情境要求相对应。《课程标准》告诉我们，课程内容、核心素养、学业质量水平与情境设置存在着密切的联系。具体而言，1级学业质量水平和核心素养对应简单情境，2级对应一般情境，3级则对应复杂情境，4级则对应具有挑战性的复杂情境。从学业水平纵向上比较看，同一核心素养在不同学业质量水平上有不同的表现，要实现学生核心素养培养目标，就要求教师预设对应的情境，设计不同层级的学科任务。适恰还要求情境设计要贴近学生、贴近生活，将学科知识与生活现象相结合，理论逻辑与生活逻辑相结合，以学定教，目中有学生。这种基于学生的课堂才能有效培养学生的核心素养。

据此，本节课将学科知识与生活现象相结合，理论逻辑与生活逻辑相结合，设计了总议题"群策群力，南通家纺如何突围"，选取最贴切学生的实例和鲜活的生活素材，设计了以下情境：

1.简单情境

观看《今日南通家纺城》视频。

2.一般情境

版权保护。截至2022年8月，南通每年交易画稿12亿件，画稿版权交易额达10亿元；家纺产业年产值已从2010年的500亿元，增长到2021年的2300亿元。

2020年9月，南通被国家版权局批准为创建全国版权示范城市。由于良好的版权保护、运用、管理与服务，吸引了1000多个产品设计机构入驻，孕育了南通众多家纺品牌的诞生。目前，南通国际家纺产业园区的家纺产品拥有200多个系列、1000多种品类、1000余万个单品……版权保护是家纺市场发展的生命线。

3.复杂情境

商企双向奔赴。2021年下半年布匹人工、成本上涨，2022年4月份以来，国内疫情延宕导致线下客流减少，商品通关速度减缓；国外放开疫情管理，订单回流。家纺企业生存压力巨大。

Z时代消费者"粉丝经济、兴趣消费"的消费特征，疫情对线上的加持，让家纺产品由耐用品向时尚化类快消品转化。众多南通家纺商家充分利用平台技术优势和流量，在京东、抖音等平台做直播，为平台用户提供高体验价格比的货品，从而实现销售额的迅速增长。一次成功的带货直播既需要优质产品、令人耳目一新的产品设计，也需要场景氛围的营造，还需要细致全面的直播规划。

2022年9月9日—21日，抖音电商推出"抖音921好物节"大促，平台云集全国50个不同地域产业带好货，南通家纺位列榜首。南通国际家纺城获批"市场采购贸易方式"和"跨境电商综合试验区"两大国家级试点，既让南通家纺有了更大的舞台，提高了南通家纺品牌的知名度，也让南通家纺迎来了新的发展机遇。

共商共建共赢。南通市委、市政府，携手企业，共商共建，助力家纺产业高质量发展：

时间	行动措施
2021年1月18日	南通市通州区川姜镇正式成立版权登记办理点，川姜镇知识产权管理办公室也成为南通市首个集版权申报、预审、制证、发证、维权为一体的服务管理平台。从申请到通知企业拿证整个过程最快只需要3天。
2022年1月	南通发布了《制造业智能化改造和数字化转型三年行动计划(2022—2024年)》，为南通加快建成长三角北翼高端制造基地提供支撑。内容节选： 鼓励企业加快高效、绿色印染等技术和工艺攻关，开发推广产业用纺织品，开展科技研发平台建设和科技服务平台建设； 从开办资助、购房补贴、租房补贴、培育奖励等方面给予政策支持； 鼓励金融机构提高科技创新类纺织企业贷款抵押率，增加信用贷款和中长期贷款投放。
2022年9月19日	南通市通州区市场监管局对川姜某家纺厂抖音直播间进行网络巡查。执法人员现场检查当事人直播销售场所，对其销售的鹅绒被原料抽样检验，检测发现其销售的鹅绒被实际填充物为鸭绒。目前，该商家因违反《反不正当竞争法》和《产品质量法相关规定》被立案调查。
2023年1月31日	南通国际家纺园召开工作思路交流会，强调要紧扣"专题化、项目化、清单化"的要求，着力打响园区"七大品牌项目"，以品牌培育带动重点工作开展，推动园区高质量发展再上新台阶。

精心设置情境须坚持目标导向意识。随着新高考改革的推进，高考试题呈现出由"考知识"向"考素养"转变，由"做试题"向"做人做事"的转变。因此，教师设置情境必须坚持目标导向，围绕核心素养的目标要求和学业水平任务，结合学生生活实际，让学生带着自己的经验、知识、思考、灵感、兴致，在自己的生活情境中进行任务式学习。对应到课堂教学中，学生在相应的真实情境中建构知识、观点与方法，做到学以致用，必然使课堂教学呈现出丰富性、复杂性和多变性，既满足了学生探索与发现的精神需求，也培养了学生的学科核心素养。

据此，本节课设计了总议题"群策群力，南通家纺如何突围"，精选情境，设计相应水平要求的任务。如根据"让学生通过感受社会主义市场经济体制的优势"的课标要求，培养"政治认同"的核心素养，属于学业水平之1-1，我们在简单情境中布置了"请学生结合视频'数'说南通家纺"的学习任务；根据"辨析经济运行中政府与市场的关系"的课标要求，培养"科学精神"的核心素养，属于学业水平之"3-2针对经济活动中的重要议题，辨识各种选择方案，作出恰当的研判"，我们选择了"版权保护促创新"的复杂情境，设计了"有观点认为：版权保护只有利于大的家纺企业的发展，会使一些小企业受到冲击，导致'穷者越穷，富者越富'"的局面。请结合材料，运用我国社会主义市场经济体制的知识评析此观点的学习任务。

多情环——精致设问，引人入胜，"一日看尽长安花"

多情环是一种很奇特的极有诗意的一件兵器，它赋予人沉重和力量。这正如课堂教学中的精致设问，是促进核心素养形成的最大力量。苏霍姆林斯基说过："人的内心有一种根深蒂固的需求——总感觉自己是发现者、研究者、探索者。"精致的问题是思政课主题教学的精髓，情境问题探究则能充分满足这种需求。核心素养下的思政课主题教学讲究"知识问题化、问题情境化、情境生活化"，灵动而富有思辨性的精致问题正是学生形成关键能力、培养核心素养的最大力量所在。实际教学中学生学科思维培养和训练不够，素养培养不到位，就是因为我们的课堂上缺乏精致的课堂设问，不能有效催生学生思政学科的关键能力。

精致设问要坚持结构意识。结构意识即设问要有结构化的任务，结合学生认知规律，遵循"what—why—how"的思维逻辑，紧靠"最近发展区"，使学生"跳一跳"能够摘到果子，环环相扣、层层递进。

如"是什么"：《今日南通家纺城》视频，请结合视频"数"说南通家纺。

"为什么"：结合"商企双向奔赴"材料，运用《使市场在资源配置中起决定作用》的知识，分析最近南通家纺与京东、抖音等平台双向奔赴的原因。

"怎么做"：结合"共商共建共赢"材料和《更好地发挥政府作用》的知识，谈谈南通怎样助力家纺产业高质量发展。

精致设问要坚持深度思维意识。设问是否精致，深度思维能否发生，学生核心素养和关键能力能否形成，就看它直接引领着学生的思维方向去向何方，是停留于教材知识的识记了解，还是重在情境下知识的应用？是止于浅表的记忆留痕，还是深层的思维推演？是将知识置于纯粹的教材文本里，还是活化于开放的任务情境中？是局限于一框一节的碎片化知识，还是建构出横向纵向勾连的体系化内容？区别传统的学科知识本位的评价，核心素养及基于它的学业质量标准不是指向学生对学科知识本身的浅层认知，而在于个体能否应对现实生活中各种挑战性的复杂任务，强调结合新常态下呈现出来的各种问题，促进其调动运用相关领域的知识技能、思维品质与技能来解决基于任务情境的具体问题，使思维深度发生。

如 "结合《经济与社会》《当代国际政治与经济》的知识，说明最近南通家纺业与京东、抖音等平台合作的意义"。

将《经济与社会》《当代国际政治与经济》两个模块融合，有效考查学生调动不同模块的知识形成体系化认知，能够培养学生对学科知识、能力内部的整合与综合运用，是思维的整合和综合过程，可以有效培养学生综合运用的能力素养。

再如上文中"是什么""为什么""怎么做"的结构性设问，让学生思维由表及里，由浅入深，不断地进行思维进阶，进而养成学生的思维逻辑链，为创造性思维打下逻辑基础。由此，在学以致用、提升思维能力的同时，也可以提升学生发现新问题，找到新规律，获得新认知的能力。

充分认识到三种武器的威力，在思想政治课堂上将它们融会贯通，则可以有效减少教育的痕迹，核心素养的目标必将无意而成。

（2022年9月获江苏省"行知杯"论文大赛二等奖）

第二模块　实践策略

开放性是思想政治课主题教学情境设计的要义

——以《国家关系的决定因素》教学为例

德国一位学者有过这样一个精辟的比喻：将15克盐放在你的面前，你无论如何也难以下咽。但将15克盐放入一碗美味可口的汤中，你早就在享用佳肴时，将15克盐全部吸收了。情境之于知识，犹如汤之于盐。盐只有溶入汤中，才易吸收；知识也要溶于情境，方易为学生吸收。可见情境之于教学的重要价值。

思想政治课主题教学正是以典型案例或系列问题为核心知识主题载体，师生合作探究，互相促进、共同发展的一种开放性教学。这种教学方式反对以教师为中心，强调发挥学生的主体作用，倡导教学过程的小组合作探究，讲究教学手段的顺势而为。这些理念集中到主题教学情境设计上，其根本要义就在于开放性。试以本人执教的"一师一优课、一课一名师"评比课《国家关系的决定因素：国家利益》为证。

一、情境选取主体的开放性

传统的情境设计的主体是老师，选取情境时往往从单方面出发，从教教材的角度设计选取情境内容，而学生则表现为被动接受。这种单向一维的情境教学无异于传统的灌输式教学，走上老师教什么学生就学什么的老路，学生没有参与与选择的机会，必然渐失学习的自主性，其创造性思维和学习兴趣自然也得不到激发。

美国教育心理学家布鲁纳认为，教育工作者的任务是把知识转化成一种适应正在发展中的学生的形式，要让学生参与建立该学科的知识体系。他强调学生不是被动的消极的知识的接受者，而是主动的积极的知识的探究者。基于此，思想政治课主题教学中的情境设计理念认为，如果能让学生主动参与，必然可以有效地锻炼学生组织信息、储存信息和提取信息的能力，并进而形成驱动学生对知识求取的内在动力。

【课堂实录】【自主预学】

1. 研读教材内容，画出本框的知识思维导图。

2. 以学习小组为单位，搜集有关资料，完成3—5分钟的中日"钓鱼岛之争"时事综述。

对于第二个预学任务，学生们的兴趣很浓，各小组很快形成分工，进入到各自的任务角色。有几个小组不满足于文字的阐述，还动手制作了PPT文件，图文并茂。由于各学习小组纷纷要求到课堂展示，限于教学时间我在课间召集各学习组长将他们的研究成果进行了一次民主评比，选取了公认最好的一个作品进入课堂展示环节。

在完成任务的过程中，学生们对围绕钓鱼岛的历史掌故、钓鱼岛之争的各方博弈等材料都做了大量的收集，又根据"时事综述"的要求进行了大量的信息处理和再加工，大大丰富了学生对钓鱼岛问题的感性认识。

反思：正是因为主题情境材料选取时的开放性，引入了学生自主选取教学情境，发挥了学生的自主性、能动性和创造性，使他们在接下来的课堂学习中在自己选定的情境中感知、理解和运用所学知识，大大缩短了课堂学习认识的时间，有效提高了学习的效率。

实现情境选取主体的开放性需要正确的师生角色定位。新课程明确了老师是学生建构知识积极的引导者和忠实的助推者，学生是教学活动的积极参与者和知识的建构者。政治课主题教学强调，老师要改变从自己出发设计教学情境开展教学的过程、以便控制学生的行为和思维、完成教学任务的习惯，主题情境设计应该从学生的最近发展区入手，营造以学生为中心的学习情境。特别是情境设计要引入学生的主体作用，学生不仅是情境的感受者，还是情境的设计者，教师可以接收学生设计的主题情境材料并进行筛选、再加工。这样，在学生生成学习的过程中，个人习得的知识就容易转为长时记忆储存，有助于学生个体知识的内化。

二、情境问题设计的开放性

古希腊著名教育家苏格拉底的教育方法之一"产婆术"，就是经常会为学生创设一定的问题情境，让学生主动思索、探究并获得问题的解决。

他说："我不以知识授予别人，而是做使知识自己产生的产婆。"其实就是借创设问题情境启迪学生，激励学生主动求知。

思想政治课主题教学的核心就是情境问题，主要学习活动是围绕情境问题展开的。一般的教学往往是设定需要解答的问题，形成下一步问题探究的起点。从组织教学的角度上说，老师要结合教学目的和任务，精心思考，提出科学合理、难度适中的问题。但思想政治课主题教学倡导情境问题设计要有一定的开放性，老师要结合教学任务设计一些具有挑战性和探索性的问题，回答内容可以多方面、多角度。这样不仅能激发学生进一步学习的动机，还可以让学生在解决问题之后增强学习自信心，提高学习的主动性、积极性。

【课堂实录】【合作探究】

2. 国家兴亡匹夫有责，"钓鱼岛之争"激起广大网民爱国热情，纷纷发帖表达自己的主张：

网民"人才是宝"：弱国无外交，只要把国家建设得繁荣富强，就能圆满解决领土之争。

网民"振我国威"：来而不往非礼也。日本占领钓鱼岛，我们就鼓动琉球群岛独立。

（1）阅读上述材料，运用政治生活有关知识综合评价这两个观点。

（2）作为青年学生，日常生活中应如何更好维护我国的国家利益？

关于国人的爱国言论问题，由于在搜集有关"钓鱼岛"问题时学生们多有了解，也有不少个人感受。这样的问题在小组探究时顿时激起了他们的讨论兴趣，大家的情绪空前高涨。在评价网友观点时自然形成了课堂辩论，每个人都在为本小组的观点贡献着自己的智慧，精彩的发言层出不穷；在讨论自己的日常爱国行为时，有的完全从感性出发，有的兼顾理性认识，群策群力，在解决问题后，大家的那种喜悦溢于言表。

反思：由于这些问题容量大，难易结合，兼顾了学生思维的密度和效度，使不同层次的学生都能有自己探究所得；答案内容丰富多彩，广度与深度结合，具有一定的挑战性，能真正引导学生通过讨论，使问题成为学生从已有知识推论未知的桥梁。在这样的小组合作探究中，学生们增进着交往，体验着情感，真正成为课堂的主人。

情境问题设计的开放性要求老师设计问题时要重视学生的思维想象和体验感受。开放性情境问题设计不以答案的完备为要求，强调对答案本身的探究过程，强调能让学生透过已知部分去想象、思考，有利于激发其思维潜能，为学生插上创新的翅膀；开放性的情境问题设计关注学生的生活和实际问题，尊重学生独特的感受、体验和理解，这样的情境问题才能触动学生的心灵，体验被尊重的教育感受。

三、情境资源整合的开放性

著名的情境教育家李吉林老师根据刺激物对儿童感官或思维活动所引起的不同作用，把情境大致分为实体情境、模拟情境、语表情境、想象情境及推理情境等。而苏联著名教育家苏霍姆林斯基在他的教学改革实验中，也经常把学生带到大自然中，让学生观察、体验、感悟大自然的美、在大自然丰富多彩的自然情境中培养学生的观察力和创造力。由此可见，情境设计的资源是丰富的，不拘泥于形式和内容。

思想政治课程的性质特点决定了这是一门进行马克思主义基本观点教育的课程，教育的过程也是学生对这些观点接受和内化的过程。从学生的个体特征来说，情理交融、以情感人、以景动人更利于学生由感性认识上升到理性认识，从而外化为相似情境下的道德判断和道德行为。因此，现行政治教材编写已经充分注意到知识由感性到理性的逻辑过程，提供了丰富的素材。但教材只是情境设计资源的一个方面，甚至对于学生而言是已经有些"过时"的一种资源。思想政治课主题教学的情境设计强调资源整合的开放性，即这种主体情境资源的整合不是强调封闭性的统一，而是强调开放性的合力，也就是说要围绕主题，对各种相关情境资源合理配置，优化其结构和功能，形成课堂教学的互补增值。

【课堂实录】在本节课中，围绕"国际关系的决定因素"，我动用的情境资源包括：

1. 学生搜集的中日"钓鱼岛之争"综述；

2. 抗日战争时期中美日关系（恰逢抗日战争胜利70周年）；

3. 网上关于"钓鱼岛之争"的发帖；

4."反馈提升"阶段的"问题留白"。

特别值得一提的是"问题留白"。本节课后阶段在了解学生"问题留白"时，一位女生提出"如果维护国家利益与维护人类利益冲突时，我们该怎么办？"这一问题马上一石激起千层浪，学生们在各抒己见，而我则刹那间热血冲上大脑，不禁为她击节叫好。这是一个好得让我都不能一下子准确回答的问题！于是，我顺水推舟地把这个问题作为本节课的"豹尾"，让学生们作为课后的拓展问题，再一次开展起"课外"合作探究。

反思：由于这节课本人围绕"国家关系的决定性因素"，对各种课堂情境资源进行了合理的调整和有机的结合，将史实与客观现实、真实的网上争议与虚拟的个人角色代入、静态的理性认识与动态的感性行为等统合为一个协调的整体，使学生从大量的感性材料入手，不断体验着国家利益在国际关系中的深刻影响，不断生成关心祖国的国际地位和民族的命运、热爱和平、维护本国利益的情感。

政治课主题教学情境资源整合的开放性强调综合化、系列化地运用思想政治课情境资源，使其相互作用，实现课堂的增值效应；政治课主题教学情境资源整合的开放性还强调空间的开放性，即不拘泥于课堂，强调课上与课后、学校与社区的互动，将课堂内外整合为一个相互策应的情境场，互相联系，互相作用，实现主题教学的最优化。

当然，开放的思想政治课主题教学情境设计要注意价值观的导向性。精选的情境材料必须符合"富强、民主、文明、和谐、自由、平等、公正、法治、爱国、敬业、诚信、友善"的社会主义核心价值观要求，必须对学生的思想道德素质的提高和健康成长具有导航作用。思想政治课主题教学情境设计中还要注意情境材料的真实性。情境材料必须来源于客观真实的生活世界，是真实的、可信的。"最好的教育是用真实来教育"，主题情境设计坚持从实际出发，防止带有主观性、片面性和表面性。唯有如此，思想政治课主题教学才能在多元价值取向的现实环境下保持社会主义的本质特征，在价值冲突中寻求价值共识，更好地促进学生的全面发展。

（本文刊登在《中学政治教学参考》2016年1期）

测试分析能够助力学习深度发生

政治课教学中，学生普遍存在"虚假学习"和"浅表学习"的情况。当学生的真实学习需求未能得到关注和回应的时候，就会陷入了"学困生"的死循环。这让我们必须对课堂教学进行深刻的检视和反思，为什么学生只停留在浅表学习，进而出现如此多的学习困难学生。我们的测试分析，主要是借助互联网+技术，建设数据库采集平台，定期持续采集相关数据，在科学、客观、大规模的数据基础上深入分析，寻找相关规律，以促进学生在学习活动中采取更加积极主动的行为方式和方法，从浅表学习走向深度学习。

研究过程中，我们把项目研究与课程改革、教学实践紧密结合，借助信息测试数据收集、分析和评价，研究学生学习行为与学习效能的关系，据此积极尝试一系列相关策略，对学生的学习行为进行优化，帮助学生从单一知识、技能转向综合素质培养，有效促进了学生学习从被动接受走向主动探究，从浅层学习迈向深度学习，也一定程度上促进了学生的核心素养和关键能力的提升。

一、研究的缘起

教与学本是教学过程中的两个方面，二者共同存在于教学的统一体之中，相互影响，相互作用。传统教学实践中，教学研究主要侧重在教师如何教，注重在教学方式方法的改进和教师自身素质的提高。近年来，由于"学生主体说"在教育科研上越来越受到专家和一线教师的追捧，对学生的学法研究也逐渐盛行起来。但这种研究更多建立在经验主义的基础上，缺乏对学生前置知识的有效了解和学生新知掌握程度的精准把握，一些研究更多从一些现象出发，所产生的教学改革往往是摸着石头过河，缺乏有效的实证基础；也有一些研究是从学生的考试数据出发，但这种数据分析往往只是从学生易错题出发，停留在数据的表面，缺乏深层次的精准分析和问题归因研究，不能有效发现学生在学习行为上存在的问题，也就难以形成促进学生学习行为优化的策略，深度学习也就难以形成。一方面学生难以感受到自己学习行为变化带来的学习积极变化，另一方面教师也难以有效证明如何改进自己的教学行为。而且，更多专家研究的视野集中在义务教育阶段尤其是在小学阶段，指向高中生的相关研究几乎是空白。

随着计算机网络、多媒体技术的发展和互联网Web 2.0、云计算等技术的成熟，国内外一些学者越来越重视通过工具软件追踪和记录学习者的学习行为，借助数据库数据来分析探讨学习者的学习绩效，研究评价方式，进而诊断学习者的学习行为，为学生提供适当的学习指导，以协助学习者改善其学习行为。

目前的研究大致可以分为以下3类：

1.通过对某个单维度数据进行统计分析，提出改进意见。如专门研究学习者背景数据；针对学习者提交的作业数据进行分析；分析研究了论坛数据等；对学习行为进行了分析，尝试在不同学期相同课程中进行平台改进并对比；对学习者互评机制提出了改进；试图建立对学习者的即时提醒机制以提高学习效果。

2.从工程和平台的角度提出数据分析方法。如为实现根据论坛帖子内容进行合理分类的目的开发了一个框架；搭建了一个大数据分析平台MoocViz，可以对来自不同课程平台的数据综合分析。

3.对学习者行为进行建模，从而预测学习行为。如研究了学习者的退出率、课程完成率等模型。

以上研究主要通过对学生的学习数据测试分析，了解学生学习的逻辑起点，越来越容易给学生提供更符合他们个性和需求的学习方式，对学生的深度学习有重要的助力作用。因此，借助互联网+，通过收集高中学生的目标、动机、背景、状态等大量的科学的有价值的信息数据，分析其学习行为、学习成绩的内在相关性，形成操作策略，再为每一个学生提供自主追踪和管理自己学习的测试分析系统，助推学生深度学习的同时，有助于改进政治教师的教学行为，促进教师教学行为科学化，促进政治课主题教学效能的提升。

二、测试系统的建立

我们的数据测试分析系统旨在为每一位学生建立电子学习档案，寻找其学习行为与学习效能的内在关系，从而为学生个性化学习提供精确的数据依据和分析对策；助力政治教师基于数据分析的教学行为改进，助推教师自身专业成长。因此，这样的数据测试分析系统主要包括学生学习行为影响调查系统、考试数据分析系统和智慧评价分析系统三个有机组成部分。

1.建立学习行为影响因素数据采集系统

学生学习行为受到诸多因素的影响，要使实施的操作策略有效助推学习行为的优化和深度学习，必须基于海量准确的大数据。因此，收集哪些方面的数据，设计怎样的数据收集方案，对最终的分析结果有着关键的影响。

研究中，我们首先探讨了学生学习行为的影响因素，形成了如下图所示的共同认识，初步确定了学生学习行为调查研究的变量。

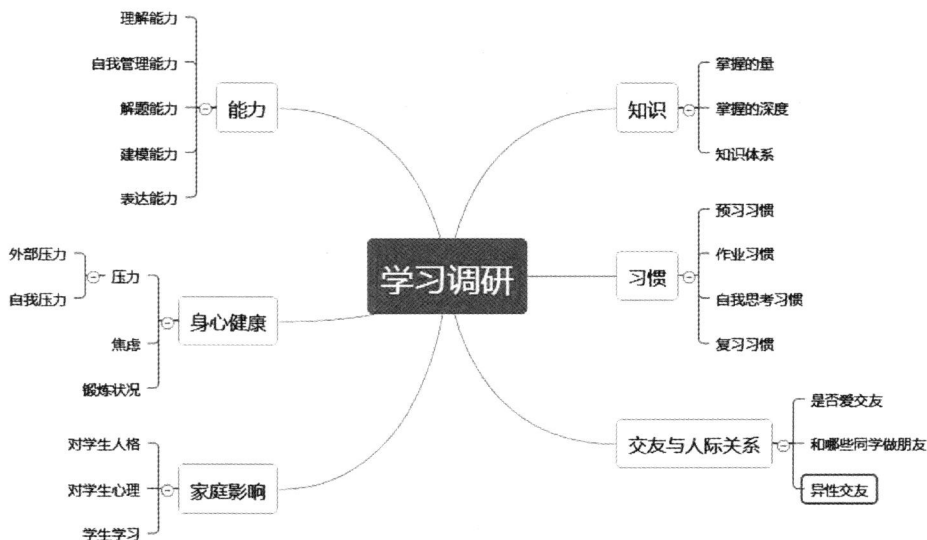

在确定调查变量的基础上，借助学校心理课程基地数据管理系统，制

定课题前期调查问卷，并分别对学生进行瑞文图形推理能力测验、舒尔特方格注意力测验、心理学调查量表调查，以便掌握学生的各项基础数据。

瑞文推理测验是一种纯粹的非文字智力测验，强调从直接观察到间接抽象推理的渐进过程，主要测验学生的观察力和清晰思维的能力；舒尔特方格是提高注意力的有效训练法，当学生在寻找目标数字时，注意力是极度集中的，把短暂、高强度的集中精力过程反复加以练习，大脑的注意力功能就会不断加固并提高，从而促使注意水平越来越高；心理健康测试量表"症状自评量表"（Self-reporting Inventory)是当前使用最为广泛的精神障碍和心理疾病门诊检查量表，包含感觉、情感、思维、意识、行为直至生活习惯、人际关系、饮食睡眠等，可以协助我们从十个方面了解学生的心理健康程度。

如下图所示：

我们侧重主观因素的学习动机、学习策略和注意力，客观因素的学习气氛，和受主、客观因素相互作用影响及制约的学习压力的调查，进行了数据调查汇总，如下页图所示：

2.建立学生考试数据分析系统

学生的学习效能最显著的表现是学生的考试数据，数据测试分析科学与否的基础是适切的数据统计分析。我们与教育技术业内的先行者和引领者科大讯飞股份有限公司合作，建立了考试练习检测数据评价系统，通过采集、分析过程化教学过程数据及整合教育资源，为师生提供高效和个性化的数据分析服务，如下图所示。

数据分析图

各班级优劣势学科对比

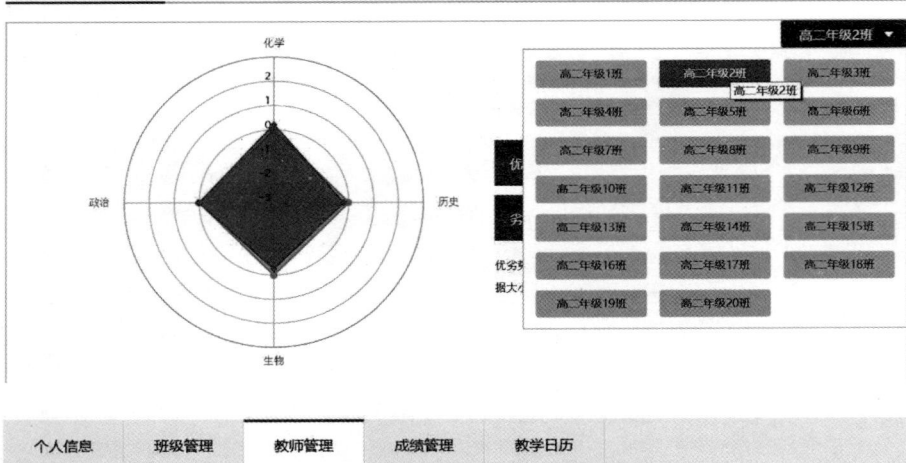

| 个人信息 | 班级管理 | 教师管理 | 成绩管理 | 教学日历 |

按教师查看 | 按班级查看

☑ 高一年级　☐ 高二年级　☐ 高三年级

班级	班主任	语文	数学	英语	物理	化学	生物	政治	历史	地理
高一年级1班	沈俊	沈俊	陈勇军	王洪达	窦荷芬	瞿军	高红梅	丁佐燕	曹向红	瞿晓凤
高一年级2班	高红梅	曹耀华	陈勇军	华庆霞	窦荷芬	于容峻	高红梅	丁佐燕	曹向红	瞿晓凤
高一年级3班	王会	邢晓南	季进	周妙平	吴新华	于容峻	高红梅	丁佐燕	王会	徐明珠
高一年级4班	徐明珠	张婷	王新	邱瑞云	吴新华	瞿军	高红梅	丁佐燕	王会	徐明珠
高一年级5班	单丽梅	单丽梅	张建数	张淳	吴东兴	于容峻	高红梅	丁佐燕	曹向红	瞿晓凤
高一年级6班	朱建林	从晓	朱丽强	周妙平	朱建林	金新革	包红燕	张红菊	曹向红	季爱民

　　在前测基础上对学生数据进行深度分析，初步探明学生对下一个主题学习的准备情况、课程完成效果情况、希望老师对自己学习的干预时机、学习需要个别指导的条件等，进而形成学生相关学习能力、非智力因素的基础判断，实现在学习起始阶段了解学生的知识基础、生活经验和思维起点，在教学进程中把握学生对新知掌握和基本目标的达成情况，在自主学习阶段了解学生自我管理实际水平。在科学准确结论的基础上切实可行地思考更符合学生认知发展规律的教学策略和学习行为改进建议，从而制定个性化学习指导方案，提升学生学习行为效果。

　　3.建立学生学习行为优化支持系统

　　为配合学生自主学习和政治教师精准辅导，我们整合了资源，充分发掘教师自身的课程资源价值，建立了"学生学习行为优化支持系统"，基于大数据测试分析网络环境下教育教学质量，实现网络教学资源共享，促进教师教学行为科学和学生学习行为优化。这一系统主要包括"课程资源""自主学习""教师发展"三个板块。课程资源板块包含"教案示例""视频资源""探究活动""习题精选""扩展资料"等，除了"视频资源"以外，其余的都是以网页文本资料形式存在，方便师生使用时复制、粘贴到"WORD"文档中。"自主学习"主要含有"微课分析""微专题训练""错题集锦""变式训练""百里挑一作文"等，有的还配有视频、PPT和FLASH、网页资料，主要为学生精准自学提供资源支撑；"教师发展"板块主要是"教学案例""教学设计""培训教程""专题报告"等，帮助教师提升专业素养，改进教学行为，优化学生学习行为。

三、优化策略的实施

教与学是学生学习过程中的对立统一的两个方面，学生深度学习能否发生，离不开师与生的统一协调。学生学习行为的优化调整策略自然也来自于教师和学生两个方面，一是学生自我在相关策略影响下的主动调适，二是政治教师外在措施影响下的被动转变，二者缺一不可。

（一）学生自我调适策略

任务驱动学习策略：根据测试分析，学生大量存在课堂学习任务不明确，注意力集中程度不够，影响学习兴趣和效能。我们尝试的任务驱动学习强调学生为中心，改变以知识为主的传统学习方式，用完成"学习任务列表"的方式，强调以解决问题、完成任务为主的多维互动式的学习，不仅使学生"学会"，更让他们"会学"。课堂学习时，以完成各种任务或活动为目标，学生在任务履行过程中，为了完成学习任务组成一定的学习小组，在小组学习活动中会对自己和学习任务进行计划、实施、评价和反思，从而促进学生改进自己的学习行为，提高自主学习、创造性学习和研究性学习的能力；课后学习时，则强调根据学生个性和差别，形成"必选+自选"的学习任务，安排不同自主学习内容和要求，有利于促进学生更好把握自我学习要求，优化学习行为，提高学习效率。

限时训练策略：数据测试分析说明，优生与特优生差别表现在学习行为上，其存在的差别之一在于学生作业的效率。传统的课后作业中，因为是在课后完成，没有时间的约束和老师的督促，个体在学习自控上表现的差异就十分明显。有的学生在做作业时没有时间观念，存在作业过程随意散漫、时间利用效率低下现象，其结果可想而知。据此，我们要求政治教师根据知识点和难度要求，规定达成标准，设计系列限时训练题，采取了限时训练、学科作业限时等手段，促使学生增强时间效率意识，把握学习节奏，提高答题正答率，增强学生成就感和自信心。

共学案预学策略：数据分析表明，学生的有效课前预学有利于提升课堂学习效率。我们设计了"共学案"，引导学生进行课前有效预学。共学案中，我们设置了"课前合作预学"环节，目的是引导学生在课堂学习开始前，与课本亲密接触、发生联系，静心看书、分析课文，提取信息、积极思维，完成最基础的预习作业。共学案中还设计了"教学资源链接"，将相关讲义、课件、资料等教学资源进行分享，帮助学生初步形成了良好的课前预习习惯。同时，为了更好地提升预学效能，了解学情，共学案中设计了"预学反馈"，学生对新知预学后的问题进行课前交流，提高课堂学习活动设计的针对性，为即将进行的课堂合作学习引导提供了即时性的生成资源。

合作学习策略：数据分析中我们发现，不少学生会有"重复错误"的问题，即使学生做了"错题订正本"，仍有不少学生会出现再次错误。究其原因在于传统教学活动过于强调知识的传授，忽视知识的发现和探究，不少学生学习处于被动应付、简单重复的状态，对学习内容一知半解、似懂非懂，即使是订正也是满足于教师的讲解和记录，缺乏学生自己的发现和内化。我们在主题教学课堂中组织实施"共生课堂"的教学要求，强调课堂教学中必须广泛开展师生、生生的合作，以小组合作学习为基本教学形式，限时讲授，勇于展示，并将小组合作学习成绩纳入学习评价标准体系，考查学生能否有效地自主、合作、探究学习，从而促使学生实现学习方式的根本转变。实验表明，真正能将合作学习开展起来的班级和学生，自主学习能力明显提升，重复错误现象明显少于非实验班级。

精准学习策略：精准学习主要是指通过数据收集、测量和分析，追踪学生个性化学习行为，建立学生个性化学习档案，为学生自主学习和获取教师学习辅导提供精准的决策支撑。为此我们在数据分析系统的基础上建立了"学生学习行为优化支撑系统"。通过错题订正、变式训练、微课解析等，一方面，针对学生学习的个体差异，为学生作业和自主学习进行个性化推送，符合其自身学习所需；另一方面，在学生需要教师对其进行个性化指导时，为教师提供精准的数据依据。

（二）教师外在影响策略

学习导师策略：学习导师是政治课主题教学中的教师教学行为的重要改革策略。从数据分析看，学生的家庭教育、知识基础、学习智能、学习行为差异是各不相同的，班级集体学习不能有效针对每一个学生的实际，改进其学习行为。因此，根据学生数据测试分析情况，从关注每一位学生的发展的角度，为每一位学生的学习行为画像，进行导师跟踪辅导，主要工作为思想上引导、学业上辅导、心理上疏导，使受导学生化解影响学习行为的不良因素。实行学习导师策略可以满足学生个体发展需要，促进他们学习行为的优化和深度学习。

微课支持策略：根据学生考试和练习中的数据统计反馈，组织政治教师进修包括文本创作和教学视频制作两项要求的微课研究，并建立资源库。"微课"研究可以促进教师更好地研究学习内容或知识点的教学目的或作用，以及该知识点在学科课程知识中的作用与地位，帮助教师和学生解决教与学中的什么问题，应达到什么目的。具体操作是学校组建课程开发部，微课研究小组，选定语数外每学科4—6人，其他学科2—3人为研究组核心成员，电教中心负责组织信息技术能手为微课录制指导教师，开发系列微课，形成微课资源库，为学生自主学习提供智力支持。

家校共建策略：根据心理量表的数据分析，家庭教育对学生学习行为的影响深刻。"只有学校教育而没有家庭教育，或者只有家庭教育而无学校教育，都不能完成培养人这一极其艰巨而复杂的任务。"作为孩子的第一任老师，父母对学生的学习影响是第一位的，良好的家庭教育是学生成长的第一步；学校是学生学习的重要场所，规范的管理和专业的师资是学校教育的根本所在，对孩子的成长起着关键作用。二者有机结合形成的教育合力才是学生发展的原动力。我们进行家校共建的目的是推动学校教育和家庭教育的有效衔接，促进家校优势互补，共同创设学生学习的良好环境，避免家校脱节，造成学生学习行为检测的盲区和真空地带。具体做法是：慧学网家长网上查询系统、班级家长微信群、年级家长委员会、家长学校、家长开放日等。

心理发展团辅策略：针对学生学习心理对学习行为的影响，我们依托省学生心理发展课程基地，开设了心理发展团队指导课程。团体辅导是在团体情景下，利用团体动力营造和推动信任、接纳、理解、支持的团体氛围，通过共同商讨、训练、引导，解决成员共同的发展性问题和共有的心理不适应问题的一种辅导形式。团体心理辅导是一种具有发展性功能、预防性功能、教育性功能且经济高效的心理健康教育方式。

一段时间以来，我们的研究有了较为成功的结果，形成了较为完备的学生学习行为和学习考查数据库，为每一位学生建立起电子学习档案，为他们的个性化学习提供了精确的数据依据，助推了学习行为的改进和优化，促进了学生的主动学习、深度学习和智慧学习，对学生减负增效和教师精准辅导起到了精确制导作用。

（本文2018年5月获江苏省"五四杯"论文大赛二等奖）

主题教学培养"公共参与"的根本途径是实践

——以《民主监督：守望公共家园》的主题教学为例

    所谓"做中觉"，就是针对政治课现实教学中脱离学生生活经验，纯粹进行理论灌输，造成学生厌恶政治课，甚至怀疑政治课本知识的正确性的现象，强调让学生亲身体验，在实践中感知、反思、觉悟，最终实现知识的内化。自《中国学生核心素养》正式发布以来，"学生核心素养培养"成为新的教育改革热点。审视政治学科核心素养之"公共参与"，其内涵包括培养"公民有序参与社会公共事务和国家治理，承担公共责任，维护公共利益，践行公共精神的意愿和能力"等，体现了时代发展的必然要求。这就要求政治老师在课堂上不能再做简单的理论说教和灌输，而是要让学生积累公共参与的实际经验，在实践中学会如何真正有序地进行公共参与，提高学生个体通过对话沟通、协商合作等方式表达自我意愿和解决现实问题的能力。笔者以"做中觉"的方式进行了一节主题教学来演绎如何培养学生"公共参与"。

一、设置真实情境，提出任务要求，激发参与热情

    笔者主持的江苏省十三五教育科学规划课题"基于深度学习的政治课主题教学实践研究"开题论证，议程之一要求"主持人开设体现课题研究的汇报课"，我执教《民主监督：守望公共家园》。在学校的东北方向1.5公里处有一反帝桥，为小型化工印染企业集中区，学校时常能闻到刺激性气味，周围居民更是苦不堪言，累次举报。课前我进行了这样的预学布置：

    据反映，我校东北反帝桥附近企业经常有大量废气排放，气味刺鼻，

严重影响附近居民生活。请以小组为单位，利用周末时间，实地考察该地区的污染情况，采取一种自己认为合适的方式进行环保监督。

要求：1. 根据任务进行合理分工，记录过程，形成简要报告，下一节课上交流。（提示：存在什么问题？采用了什么监督方式？结果如何？）

2.结合相关知识，反思整个过程，谈两点自己的体会。

任务一经发布，学生起初很惊奇，让我们来环保监督？可以吗？

继而很兴奋，真的要我们行使民主监督的权利耶！各学习小组迅速开始进行相关准备，纷纷表示，要通过自己的实际行动为学校争取一个良好的空气环境。

公共参与核心素养的培养首先要培养学生的参与热情，唤起当家做主的责任感，选择契合学生实际的主题情境不仅是主题教学的关键，也是学生公共参与的兴趣所在。如果情境的设置远离学生的真实生活，学生缺乏真实的实践参与感觉，就很难产生参与的欲望，那就更加不能形成勇于承担的责任心和对当家做主的自我期许。由于本课主题情境和学生息息相关且经常能够感同身受，故引发了学生对"自我进行民主监督"极大的好奇，为最终任务顺利地完成打下了良好的基础。

其次，实践须有明确的目的，故任务的设置要主旨明确，任务的完成要兼顾差异。明确的目的可以让学生清楚地知道自己应该做什么，从而选择合适的路径和方法，而不是漫无目的地冲淡主题。同时，由于任务本身具有差异性，能够让不同类型的学生都参与到实践中来，不仅可以调动全体学生的积极性，体现尊重学生的主体，又能够让学生在小组分工中形成良好的互动和配合，加强了他们的交往能力、合作能力和协调能力的培养。

二、交流考察报告，印证所学知识，形成素养积淀

在课堂展示反馈环节，各小组代表根据实际调查进行了简要汇报：

第一组：我们到了反帝桥附近，就闻到很浓烈的带有恶臭的刺激性气味，认定企业有污染气体排放问题。全组就顺着味道来到最大的一个"丰杰印染公司"，想和公司的人员进行交流访谈，让他们重视环境保护，不要过度排放。可是一开始门卫不让我们进去，说公司规定"外人不得入内"，让我们不要使他们为难。我们围在门口说不见到公司负责人就在门口不离开。后来来了好几个人，一个个态度很凶狠，说他们公司废气排放是经过有关部门检测过的，不超标，如果我们再堵在门口，影响企业生产，就要对我们不客气。我们都很生气，就在"濠滨论坛"上发了个帖子，把污染的图片和公司逃避的事实贴了上去。结果引来好多跟帖，大多数骂企业不讲道德和政府环保部门不作为的，也有揭这些企业老底的。（展示"濠滨论坛"跟帖）

第二组：我们在反帝桥现场拍了两家企业烟囱冒烟的情况，也拍了两张附近黑色河水照片，认为肯定有污染问题。于是就打了"12369"环保投诉电话。当我们说明情况后，环保局当时回复说："你们反映的情况本月初我们已经接到投诉，我局已经要求该企业减少辅料生产车间黏合剂气味的散发，同时要求企业采用环保型化工原料助剂，尽量外购，减少企业内部生产量，减轻对环境影响。"我们对此答复很不满意，又打了"12345"政务热线，结果，环保局一个副局长来给我们做答复，说他已经多次对这些企业作出了环保执法处理，特别是对违法上生产线的一家企业进行了立案处理并移交法院执行。但是在具体执行时出现了"执行难"的问题。（展示2015年8月至今19次该地区环保投诉和处理网上截图）

第三组：我们邀请了学校的人大代表古老师一起去现场考察。古老师和我们一致认为这里的污染严重。古老师亮出人大代表资格证，也没能进入企业内部生产现场。古老师说她要写个建议，但需要请专业人员来进行环境监测，有准确的污染排放数据才行。当时就电话联系了一家检测公司到现场取了河水的样本。一天后检测公司说"化学需氧量（COD）间接排放限值和生化需氧量(BOD5)间接排放限值"明显超标。古老师根据检测报告写了建议给政府，具体答复还没有收到。（展示古老师的"关于搬迁整治反帝桥印染企业的建议"）

很明显，同学们的调查很认真，采取的措施也符合相关知识，可设想中的结果和现实的差距让他们的热情很受打击，汇报时有一种很气愤又有点无可奈何的感觉。

对此我提出一个思考题：结合实践总结自己采用的民主监督方式的特

点和要求，想一想要助推问题的解决，我们还可以怎么做？

政治学科核心素养的形成离不开一定的学科知识，但核心素养不等于知识，其关系可以简单概述为学科知识是形成政治核心素养的前提与基础，政治核心素养的形成则可以加深对政治学科知识的"觉解"。仅有知识的积累，没有对知识本身的深刻理解，不能形成相关的核心素养。因此，"公共参与"素养培养需要学生主体对客体的能动认知，而亲身参加公共参与的实践活动，从中获得相应的直接经验，并对这种经验进行自我总结，由此形成的相关公共参与知识，无疑是良好公共参与素养形成的重要基础。特别是在这种亲自"做"的过程中不断对所学知识进行印证，一定程度上就是把自己头脑中的东西变成现实的过程，实际上也是这种素养逐渐形成的过程。

子曰"学而时习之，不亦说乎"，其实就是强调真正的"学"包括学习知识和实践知识两个部分。民主监督知识的真正习得绝不是简单地对书本知识的再认再现，而是学生自我要贯通新旧知识的联系，厘清它们的关系，弄清各种监督方式的特点和本质，形成对新知识的理解与感悟。学生们在环保监督的亲身实践中了解了民主监督的渠道，在"做"的过程中熟悉了各种形式的操作程序，了解有序进行民主监督的途径、方式和规则，最终实现了知识与实践的结合。这样的过程不断地积累，就是公共参与核心素养的良好积淀。

三、探究发现问题，培养创新思维，锻造参与能力

课堂合作学习部分，我提出了这样的探究课题：反思我们的环保监督实践过程，具体说明哪些因素影响了监督的效果？对我们有什么启示？

由于在自己的环保监督实践中深有感触，同学们提出了不少问题：

很多人虽然明明知道污染对自己的危害性，但却很少敢于行使自己的合法权利，总喜欢做看客，让别人去做，自己躲在后面。

监督过程中，无论是污染企业还是环保局，都提到了环保法，可是我们学生中谁也不知道这部法律的基本内容。依法监督是一个很具体很规范的事情，涉及相关的法律法规和法定程序，而不是泛泛而谈想当然。

环保局的答复看起来一条条的，内容好多，但研究起来发现几乎很少有实质性的内容，正确的废话体现了典型的衙门作风。老百姓对政府不踏实的工作作风深恶痛绝不是偶然的。

依法治国不仅要有法可依，更要执法必严。可是环保执法却存在执行难的问题，说明我们全社会的法制意识还很差。如果连法院都执行不了，法律还有严肃性和权威性吗？

舆论监督虽然有力度，但是很多舆论监督存在夸大事实或者事实不清等现象，还有存在转移主题、谩骂问题，有时候利用不当甚至还会有绑架政府和法律之嫌。

人大代表、政协委员虽然是代表人民，反映民生，体察民意，但是现实中真正履行好自己职责的代表比例不高。

对于启示，同学们很自然地提出了要有树立主人翁意识，态度上要敢于同邪恶势力作斗争，勇于使用宪法和法律规定的监督权，行动上要采取合法方式，坚持实事求是的原则，不干扰公务等本课内容，同时，他们更提出了要加大法制社会建设的力度，要把个人利益、国家利益、他人利益结合起来，坚持权利与义务相统一，加强对政府权力行使的监督等综合性内容。

"公共参与"核心素养最终指向的是培养学生"践行公共精神的意愿和能力"，而这种参与能力的提升必须在"做"的过程中不断反思，在思维的碰撞中发现问题，认识问题，思考问题，提高学生自己对相关问题的公共参与判断和公共参与处置水平。如此，"做"得越多，反思越深刻，则越能让学生在做的过程中不断地发现自己、发展自己，不断积累公共参与的经验，推动自己去更好地选择解决问题的方式和路径，其素养也最终形成。

主题教学中的合作探究就是以学生的实践经验为基础，通过生生、师生之间的多向交流，拓展了他们的视野，让学生在学以致用的同时学会倾听和采纳不同的观点，在促进他们思维发展的同时还可以得到愉悦的情感体验。本课的合作探究学习阶段，学生之所以能够发现超出本框知识甚至书本上也没有明确出现的问题，正是源于他们自身的实践，是他们在做的过程中的自我发现；这些问题的交流探讨开阔了彼此的视野，又进一步推动他们去进行新的探索和研究，形成了远比书本知识更为宽广和深刻的认识，这种认识一旦形成，必然深化学生的公共参与认识能力，提升他们公共参与的实践水平。

"所有的学习都是行动的副产品，所以教师要通过'做'，促使学生思考，从而学得知识"。基于核心素养培养的政治课教学要求我们在正确把握国家政治生活基本要义的基础上，创新课堂教学方法，引导学生在"做"的过程中主动触摸时代的政治脉搏，在"做"的基础上践行和探究行使当家做主的政治权利和义务的路径方法，努力培养他们的独立思辨能力和理性的精神，不断提升主人翁的觉悟和担当。

（本文刊登在《中学政治教学参考》2017年12期）

怎样上好一堂思想政治主题教学课

什么是一节好课？朱永新先生在《新教育之梦》中谈道："什么是理想的课堂？什么样的课堂能够充满活力、情趣与智慧？我认为有以下特征：一是参与度，二是亲和度，三是自由度，四是整合度，五是练习度，六是延展度。"

对照先生这样的标准，什么是一节好的思想政治主题教学课呢？

一、心中有学生

新时代教育改革的根本目标是立德树人，为党育人，为国育材。"人"是根本，思想政治主题教学首先要做到把学生作为一个活生生的"人"，要心中有学生。

心中有学生，主题教学设计就需要要立足于学生现实的生活经验，着眼于学生的发展需求，把理论观点的阐述寓于社会生活的主题之中，构建学科知识与生活现象、理论逻辑与生活逻辑相结合的课程模块；要引领学生在认识社会、适应社会、融入社会的实践活动中，感受经济、政治、文化各个领域应用知识的价值和理性思考的意义；关注学生的情感、态度和行为表现。倡导开放互动的教学方式与合作探究的学习方式；使学生在充满教学民主的过程中，提高主动学习和发展的能力。具体在教学中，要面向丰富多彩的社会生活，开发和利用学生已有的生活经验，选取学生关注的话题，围绕学生在生活实际中存在的问题，帮助学生理解和掌握社会生活的要求和规范，提高社会适应能力。这就要求教师预设时，思考、搜索、排查、选取最贴切的实例和鲜活的生活素材作为情境载体，以使学生理解感悟教材观点。这些情境设计恰当，就容易激发学生兴趣，才能有较大的参与度。有了他们的情感和思维的参与，才能加深对教材观点的理解和感悟，做到对知识的迁移和运用，学习也由浅表走向深入。

二、问题要适切

思想政治主题教学离不开问题设计，问题是课堂的精髓，也是引领学生参与课堂教学、真正进入学习状态的关键。

适切的问题要从学生的最近发展区出发。主题教学的问题设计应着眼于学生的最近发展区，为学生提供带有难度的内容。一方面调动学生的积极性，引导学生参与热情，发挥其潜能，超越其最近发展区而达到下一发展阶段的水平；另一方面，学生在此基础上形成的自我认知可以作为下一个发展区的基础进行发展，学生的思维也进一步进化到高阶。适切的问题要注意结构性。这是针对当前课堂教学中问题设计过碎、过散、过浅而提出的。结构化的问题有利于将逐渐积累起来的知识加以归纳和整理，使之条理化、纲领化。这种问题的探究和学习，就可以帮助引导学生思考，通过开展学习活动解决问题。心理学研究发现，优生头脑中的知识是有组织、有系统的，知识点按层次排列，而且知识点之间有内在联系，具有结构层次性。而差生头脑中的知识水平排列，是零散和孤立的。可见，结构化问题对知识学习具有重要作用，有利于深度学习的发生、高阶思维的产生、关键能力和素养的形成。适切的问题还应该具有开放性。所谓开放式问题，是指允许回答者有相对自由的空间来决定提供多少信息量以及如何回答问题，开放式的问题往往不拘泥于答案的唯一性，会引出开放的答案，导致评价方式的开放性。开放性的问题可以激发孩子的好奇心，有助于引发孩子思考，培养学生的发散性思维和创新思维。

三、氛围要民主

成功的课堂需要民主的氛围。话题从俄乌战争的日子说起。2022年2月24日，准备上"政治与法治"课，可当我开始讲授自己精心准备的书本内容时，却发现响应者寥寥无几人，同学们或沉默，或躁动不安，总之心不在焉。我问其故，终于，同学们开口了：老师，我们来谈谈俄乌战争吧。原来如此。可事件突然、信息有限、准备不足，能谈好吗？我疑惑。但"民意不可违"，我还是遵从了同学们合理的要求，临时调整了授课计划，将主题情境修改为"俄乌战争下的时局"，主议题是"俄乌战争大家谈"。孰料，这一改，课堂立刻不再沉闷和松散，变得热烈而有磁性了。同学们有的谈对战争的认识与态度，有的谈这场战争的起因，有的谈战争的实质，还有的谈对中俄、中乌关系的影响，有的谈对国际时局的新的认识和对我国台湾问题的影响，有的甚至谈了第三次世界大战、人类的和谐和文明的未来。角度之多、思想之丰、发言之踊跃，均超乎我的预期。当然，我也即兴谈了自己的看法，比如：大国博弈、代理人战争、国际秩序和中国的中立立场等，也得到同学们的认同。下课了，同学们意犹未尽，而我则感到获得了一次政治课主题教学前所未有的全新的成功。

民主的氛围没有统一的教学模式，但却有相对稳定的评价标准，即它至少应该符合有利于提高学生的积极性，有利于促进学生的发展，有利于增进课堂教学的效果。当我遵从学生的合理要求而修改上课的主题时，有效地保护和调动了学生的学习兴趣和积极性，形成了主动学习和探究。当我设置"大家谈"的开放性问题时，为他们搭建了开放式的活动平台，有效地促进了学生主体的思、讲、动，促进了学生认知、情感与思维的发展，包括自信心创造力等；师生互动营造了一种亲和、活跃、宽容、进取的民主氛围，实现了教育的目标。

四、内容要整合

一堂好的思想政治主题教学课要能够拨动学生的心弦，让学生的思维活跃起来，积极主动地建构学习，实现培养学生核心素养的目标，必然要求"深度学习"发生。这就要求政治老师对学科课程体系进行重新梳理和构建，将内容进行重新整合，围绕主题进行归纳。整合性学习设计的一个重要任务是学习内容的整合性设计。无论是教师引导学生更具整合性地建构知识，还是引导学生建构更有整合性的知识，都需要对学生的学习内容进行整合性设计，一方面围绕中心主题进行知识建构，另一方面利用情境设计任务驱动将知识学习与知识运用整合一体，如此的课堂必然激发学生的深层动机，增强切身体验，产生高阶思维，实现深度理解和实践创新。

传统教学中，以知识教学为本位，教师教知识，学生学知识，学生的知识都是以框、节为单位，学生专注于零散的知识点学习，难以链接知识与知识之间的内在联系，获得了大量缺乏整合而更具迁移力的碎片化知识，直接导致学生的学习存在三个明显不足：一是"散"，学生获得了太多孤立、零散的概念或观念。二是"低"，学生获得了太多下位的概念或观念。三是"浅"，学生获得了太多表层的概念或观念。因此，政治课主题教学需要确立一个新的学习设计理念，即整合的理念。

五、学习要合作

学生是课堂的主体，合作学习可以充分发挥学生的主体作用。政治课主题教学课堂模式中有一个重要环节是"小组合作探究"，在这个过程中，学生基于情境完成学习任务，生生合作、师生合作，学生是这个活动的主人翁，教师是合作学习的引导者、指导者和合作者，帮助学生学会学习，学会合作。

传统的思政课教学是教师负责教，学生负责学。它成为教师对学生的单向"培养"活动，生生之间缺乏必要的交往和互动。教师越教，学生越不会学、越不爱学，难免形成思想政治课枯燥无味的印象。即使有时也会安排一定的问题讨论，但缺乏相应的情境载体，没有对应的探究任务，活动内容流于形式，不能在课堂上真正地体现合作学习。政治课主题教学的课堂上通过建立学习小组，在组内开展合作学习，资源共享，思维碰撞，相互提高。生生之间既增进了友谊，又改变了被动学习，学习兴趣盎然，学习的效果自然大大提高。这就避免了思想政治课传统的那种"填鸭式""满堂灌"的教学方式，思想政治教学的目标也就比较容易得到实现。事实证明，政治课主题教学中进行合作学习，有利于发挥学生学习的主动性和创造性，有利于从浅表学习走向深度学习。

六、课堂要留白

中国画审美的一个重要原则就是强调"留白"，是为了更好地突出主题而有意识地留出空白，有利于读者充分的联想和想象，有欲说还休，引人遐思之效。一节好的主题教学课的留白，就内容而言，教师不应该面面俱到、滴水不漏，要留有未明确说明的部分或暗示的东西；就时间来说，教师在课堂中的提问和合作探究的任务，要留给学生思考或回味反思的空白。留白既能使学生在深思咀嚼中更加活化所学内容，又能使他们更主动地学习和发展。

政治教师在教材内容处理上，要把握住突破口、关键点，学生的难点和痛点，做到四两拨千斤。一般说，学生能够自主学习的不讲，学生可以通过合作学习解决的问题不重复讲。由于思想政治课的政治属性，有些内容往往离学生生活比较远，需要在生活化的情境中学生才能体悟，这时最不能用教师的精彩话语代替学生灵动的思维。主题教学的课堂，教师最多是导演，决不能身兼主演，让全班学生去当群众演员。要多留时空给学生，让学生去展示、去遐想、去深思。留下空白就是留下期待，留下余韵，留下思维和创新。

教学是一门艺术，任何一堂好课都没那么简单，不可能一招鲜吃遍天。思想政治课主题教学将促进学生深度学习作为一种美好的愿景并为之不懈努力，不断优化课堂教学行为，就为一堂好课奠定了基础。

（本文2010年5月获江苏省"五四杯"论文比赛三等奖）

第二模块 实践策略

政治课主题教学实践有效问题的反思

在新课改推进过程中，我们强调政治课进行主题教学方式变革，就是指以核心知识作为主题知识，选择贴近学生生活的典型案例或时事情境，整合教材内容形成系列问题，师生围绕着主题情境和学习任务开展探究活动，师生共同在活动过程中理解和把握主题活动中体现的核心知识，进而形成知识迁移，实现师生共同发展的一种开放性教学。然而，在政治课主题教学的实践中，是否"有效"，存在着值得反思的现实问题。

一、考试文化扭曲有效为急功近利

"有效"教学是为了提高教学效益、强化过程评价和目标管理的一种现代教学理念。教育总是围绕着一定的目标开展的，思想政治课作为落实立德树人根本任务的关键课程，"培养学生政治认同、科学精神、法治意识、公共参与的核心素养"是思想政治课主题教学的教育目标。现实的教育实践中，由于受考试、升学、就业等因素的影响，社会对于教师价值的认同、对于学校价值的认同，甚至对于教育价值的认同，往往是看具体的分数，而不是分数背后的学生素养、发展潜力和创新能力。在"考试文化"背景下，追求考试高分往往成为教学终极的唯一目标，"分数"成为课堂效果的唯一标准。

传统政治课教学中，由于课程标准意识的淡漠，许多政治教师的课堂教学实例反映出，教师不是以课程目标的达成作为教学的出发点和落脚点，而是在"精细管理""科学备考"等美丽的口号下，循着考试的线索，把每一个考点都细化成具体对应的讲解和训练，一个考点一个考点地过，一类题型一类题型地练。教学过程变成了流水作业，学习过程变成了"扫雷（寻找并消除知识盲点）活动"，学生全面素质的提升变成了高考应试能力的强化训练。

不久前听过一节政治公开课，授课老师在系统梳理了有关知识脉络后，利用多媒体课件的优势，展示了大量的"典型"题目进行当堂训练。其间"师生互动"，一一解答，过程十分"紧凑"。不谈情感态度价值观的交流，没有明确的核心素养培养，师生共同探求认知规律；更不谈学生的迁移运用的深度学习，缺少师生间深层次的思维碰撞，产生顿悟与突破的那份精彩。传统"人灌"变成了现代化的"机灌"。这节课，得到了一些听课教师的认可，评价为"精细全面""富有实效"。不难想象，这样高强度的持续的训练，让学生"什么都见过了"，学生的考试成绩可能不会很差，有的甚至还可能比较突出。毕竟，用应试教育手段对付应试往往比用素质教育手段对付应试"更有效"，更能够占到便宜！然而，这样"有效"的教学能够称之为有效教学吗？

自主性是学习的本质属性，只有主动学习才能让学生从浅表学习走向深度学习，知识才能转换成能力和智慧。有效的政治课主题教学的有效教学策略也必然是培养学生自主性的教学策略。学习结果不仅表现在双基上，而且表现在关键能力和核心素养上，具体表现就是学生学会学习，掌握学习方法，促进思维方式的发展。无论是"机灌"还是"人灌"的教学策略，没有学生的主动参与和深度学习，就没有学生综合能力系统、持续的培养。即使教师教得很辛苦，学生学得很辛苦，但是学生的素养能力没有得到有效的发展。犹如今天我们经常仍然可以看到的拼资源、拼消耗式的经济发展，这样的政治课教学，如果说是有效，也只能属于"高耗低效"，不是"高质量"的有效。

二、主题教学期待教师提高教学境界

思想政治课主题教学的主旨是促进学生的主动发展，培养学生的关键能力，形成学生的核心素养。新课程改革强调培养学生核心素养，核心素养主要指学生应具备的、能够适应终身发展和社会发展需要的必备品格和关键能力，是党的教育方针的具体化，是连接宏观教育理念、培养目标与具体教育教学实践的中间环节。具体到思想政治学科，包括政治认同、科学精神、法治意识、公共参与。相对于立德树人的根本目标，任一维度的目标都不能脱离整体而单独优质存在，缺失任一维度都无法实现真正意义上的发展。真正的思想政治课有效教学无疑都指向发展学生的这种核心素养。

教师对核心素养的理解直接影响教学效果。新课程改革背景下的思想政治课堂应该是充满生机和活力的地方，它不但是政治教师促进学生发展的场所，而且还是师生共同获得发展的地方。也就是说，新课程理念倡导教师要不断地提升和发展自己，不做燃烧自己、照亮别人的蜡烛，而要做不断充电、照亮学生的明灯。因为，只有教师发展好了，学生才能更好地发展。核心素养时代背景下的政治教师要不断加深对核心素养的理解，努力提升自己的专业素养，为学生的核心素养培养和全面发展做好保障。

有感于教学行为与教育理念的严重悖逆，引发了笔者对于思想政治课主题教学有效性的忧患思索和理想期待。尽管教无定法，但有效教学还是存在着高低不同的境界，即技术的境界和艺术的境界。

所谓技术的境界，即政治课主题教学有效的基本要求。精心设计和有效实施好每一节课，使学生不仅有实实在在的知识收获，更有能力的收获，学会学习的收获，它表现为从不懂到懂、从少知到多知、从不会到会、从不能到能的变化和提高。学生在学习方法和思维层次上，均有一定的发展。但这一境界还是较多地将目光聚焦于政治教学的功能方面，过于看重"学科逻辑"——从学科的特点和规律来组织课程和教学内容。因此，还不能真正实现人的"认知发展"和"情意发展"的有效统一。

艺术的境界，是高水平高境界的教学，是人们对教学有效的崇高要求。这样的政治课堂教学以提升学生全面素养、培养学生正确的价值观为根本价值取向，教学艺术的展示精彩多姿、诗情画意，教学过程张弛有度、行云流水，有对话、有启迪、有感悟、有分享、有创新，常常使学生感到心灵的共鸣和思维的共振，不仅帮助学生获得学习的成功感和满足感，还能使学生得到学习的愉悦感和自由感，价值得到实现，个性得到张扬。政治课学习成为学生一种愉悦的情绪生活和积极的情感体验。这是一种让学生"充满期待和享受"的有效教学，它对学生的终身学习和发展都有帮助。

　　如果政治课主题教学能从技术境界向艺术境界提升，意味着政治教师从工匠型教师向研究型、专家型教师升华。雅斯贝尔斯说过："教育须有信仰，没有信仰就不成其为教育，而只是教学的技术而已。"作为政治教师，自应从教育教学的本意和使命上，去创造科学的、个性鲜明的有效教学，去追寻艺术的、至上至美的教学境界！

　　　　　　　　　　　（本文刊登在《教育现代化》2008年22期）

第二模块　实践策略

政治课主题教学的三种尝试

新一轮基础教育课程改革，其根本宗旨是"教育最终要促进人的发展、为人的发展服务"；政治课的"思想性、人文性、综合性和实践性"特征要求政治课教学"坚持正确的思想导向、强调联系生活实际、引导学生自主学习、注重学生的情感体验和道德实践"。因此，在政治新课程实践中需要培养学生的独立思考和进行生活体验，这与我国著名的教育家陶行知"生活即教育""社会即学校""教学做合一"的生活教育理论密切相关。生活教育理论强调了教育要以生活为中心，教育要从课堂和书本中走出来，去关注社会生活，教育的根本目的是理论和实践相结合，书本知识最终要用于解决实际问题。要求教育要由封闭走向开放，由课堂走向社会，由学校生活走向社会生活，这为政治课教学改革提供了很好的借鉴和理论依据。传统的政治课教学模式的"单向性""灌输性"抑制了学生的主动性，剥夺了学生进行交流合作与实践活动的权利，学生的创新思维和聪明才智被扼杀在应试教育中。因此，政治课主题教学必然要求走向开放、生活与创造，将正确的价值引导蕴涵在鲜活的生活主题之中，倡导政治课教育的生活性、开放性和创造性，注重课内课外相结合，鼓励学生在实践的矛盾冲突中积极探究和体验，培养创新精神，实现政治教育的目标。

一、开放

主题教学的开放，就是不受传统拘束。体现在具体实践中的是教学目标的适切和多元，教学内容的生成和延伸，教学方法的生本和去程式化。让课堂开放是一种课堂教学的价值追求和教学主张，是在实践中不断优化和发展的动态过程，也是课堂走向高效的实施手段。适度开放的教学，呈现出来的是结构和评价标准的多元和发展的教学。其价值就是将教学这一基本概念，真正转化为教师引起维持和促进学生的学习的行为，将教师的教最大限度地转化为学生的学。具体说来表现在四个方面：

内容要开放。政治课主题教学内容的开放性是指教学中充分重视理论和社会生活实际的联系，重视学生的心理发展、实际需要、个性差异等。主要表现在三个方面：一是注重挖掘教材中的生活元素，让教学内容与学生的生活实际相结合，从课内走向课外。二是注重挖掘教材中的多学科元素，体现学科整合，也为不同类型学生提供多样化的认知方式。三是关注教学过程中学生的体验和生成，及时把动态生成的资源纳入教学内容，调整教学进程。

过程要开放。主题教学强调学生主体学的开放，以核心问题主导教学进程，倡导个性化的学习方式。引导学生在课堂上自主学习，合作探究。腾出时间，给予学生开放的空间，以激发学生的探索精神和想象力，创造力为旨归。构建开放而不随意的、焕发生命活力的课堂。学习活动是学生展开学习的过程，学习的过程应该是科学的顺畅的，所以，学习活动的设计一定要基于学生的实际，这样的学习活动，才能激发学生的热情。同时让学生在活动中有能力运用自身的基础展开学习，获得发展。活动的展开过程是关键，活动的结构要合理，要有层次性，便于学生由浅入深地理解学习的内容。活动要有一定的开放度，这样才能给予学生一定的探索空间，提升思维的深度和广度，也能更好地发挥学生的主动性。

活动要开放。学生的学习状态在很大程度上反映出学习活动的成败。首先，开放的课堂应该是学生积极主动参与学习活动的课堂。外在表现是学生能在活动中积极举手，主动发言，积极参与探究活动，敢于质疑，善于评价。学生是否积极主动，除了考量学生知识技能的掌握情况以外，他们在思维水平、情感态度方面有没有得到发展提高，也是分析他们主动学习活动质量高低的重要指标。其次，开放的课堂还应该是学生参与面广和参与度高的课堂。设计的活动要适合人人参与，吸引学生全程参与。

评价要开放。政治课主题教学目的是立德树人，培养学生核心素养和关键能力，因此，对学生的评价标准更应注重灵活性和开放性，让每个学生在主动参与中得到全方位的、可持续性的发展。首先是评价标准的开放性，即既能适应学生发展，又考虑学生之间的差异，由只重视结果变为既重视结果，更重视过程。通过教师的公正评价，使每个学生都能体会到成功的喜悦，从而保证他们的兴趣。其次，评价内容应由记忆评价转化为理解评价，由知识评价转化为知能并重、智德并重、理论与实践并重的全面素质评价。再次，评价方法的多元化，即既有教师评价，又有学生评价。只要有利于调动学生学习兴趣、提高学生素养、培养学生关键能力的考试形式、评价手段都可采用。只有这样，才能使学生的潜能得到充分发展。

二、生活

主题教学的生活是指构建生活化的政治课堂。人的思想品德是通过对生活的认识和实践逐步形成的，政治课主题教学要更好地落实学科核心素养，必须在教学中让"知情意行"完整统一起来，落实到课堂学习中，就是要转变学生的学习方式，使学生在体验、探究、实践、合作中学习，提高政治参与能力和社会实践能力。而将政治课主题教学与实际生活相互融合，是实现这一目标的必然要求。政治课主题教学中，教师结合教学内容，因地制宜地注入生活内容，使教学回归学生的世界，回归生活的世界，回归现实的世界。让学生在学习理论的同时，观察自然、认识社会、体验生活、学会做人，提高政治课的生活意义和生命价值。操作起来有两点原则：

在生活中学习。政治课主题教学要注意创设现实生活情境、真实的生活情境。要想提高学生的社会实践能力，知识和能力的迁移是关键。理论知识、操作技能要能够比较好地迁移到社会现实中，课堂学习的情境有着决定性影响。主题教学的学习情境必须源于真实生活，政治教师可以通过将复杂的具体生活情境适当简化、优化，以符合核心知识要求，不要自我进行理想化的臆造和修改。一方面，基于政治课程知识的有关内容，从学生生活周边挖掘可用的生活素材，有效引入有趣且真实的生活例子，将其与教学内容相互融合，进而可以帮助学生更好理解一些枯燥的政治理论性知识。另一方面，让学生在真实的情境中学习，如讨论经济、政治的重要决策，聚焦关键性因素，引导学生结合社会生活现象展开相关的讨论，充分体会知识、技能迁移运用所需要的情境和条件，更好地理解真实生活，明白改造现实的行动条件，以从中培养学生分析、判断以及归纳政治知识点的能力。

向生活学习。"教育只有通过生活才能产生作用并真正成为教育。"陶行知曾打了一个比方来说明社会生活与教育的关系："学校即社会，就好像把一只只小鸟从天空里捉来放在笼子里，它要以一个小的学校去把社会上的一切都吸收进来，所以容易弄假。社会即学校则不然，它是要把笼中的小鸟放到天空中去，使它任意翱翔，是要把学校的一切伸张到大自然里去。"政治课主题教学要培养学生关注身边人，关心身边事，向生活学习，使课堂成为生活化的课堂。政治教师注意让学生体验生活，在接触社会中提高社会实践与生活能力。通过小课题研究、社会实践与调查、研学旅行等多种亲历亲为的社会体验活动，引导学生用自己的眼睛观察生活，让自己的情感体验生活，用自己的方式研究生活，从而强化对知识的理解和运用。社会是一个大课堂，向生活学习，学生才能在社会生活中感悟人生，体会生命的真谛。政治课主题教学也只有根植于生活世界并为生活世界服务，才能具有强大的吸引力和深厚的生命力，才能帮助学生具备在现代社会生活应有的自主、自立、自强的能力和态度，形成正确的世界观、人生观和价值观，全面提高学生的思维能力、实践能力和核心素养，成为党和国家需要的建设者和接班人。

三、创造

培养学生的创造性，使学生具有创新意识、创新品格、创新思维、创新能力，是当前基础教育的重要任务之一。新课程改革所倡导的素质教育，核心就是培养学生的创造意识、创造精神、创造能力和创造人格。政治课主题教学中要努力打造创造性的课堂，培养学生的创造能力，最大限度地开发学生的创造潜能，把学生培养成敢于创新、勇于挑战的高素质人才。

首先是要培养学生的创新意识。政治课主题教学中创新意识培养在于引起学生的好奇心和探究的兴趣，养成求新、求异的欲望。其实这些素质是与生俱来的，人皆有之。但在传统教学中，过度强调规范、标准，加上应试答案的唯一，学生的好奇心和求异心受到打击，到高中阶段基本上已经没有创新的欲望。但创新意识是发挥想象力的起点，是创造力的萌芽。主题教学要激发学生的好奇心，创设民主的氛围，让他们敢问爱问爱尝试。在解决问题过程中学生思维的闪光点、思维的新意要小心呵护和真诚鼓励，让他们不人云亦云，有自己的感受，有独特的见解，在与众不同中透着新意。

其次是培养学生的批判性思维。批判性思维的实质是质疑，即对前人说法不盲从、不全信，必须经过自己的思考、验证后方能接受的一种富有独立思考精神的创造性思维方法。在人类文化的发展史上，后人之所以能超越前人，原因当然有多种，但不盲从前人的成果当是重要原因之一。正是因为这个原因，在政治课主题教学实践中，设计思辨性的情境问题，对学生开展经常性的批判思维的训练，应是培育创造性的主要途径之一。

再次是培养学生的发散性思维。发散性思维，又叫求异思维，是一种开阔思路，寻求多种答案，或沿着各种不同方向去思考，产生新的解决问题的途径和方法的思维活动。创新思维不应是线性的，而是发散性，沿着多条路径思考，善于变化角度灵活的思考。主题教学实践中培养发散性思维，可以通过创设开放性情境，设置开放性问题进行发散性思维训练；还可以通过变式训练，变化情境和问题设置，培养学生发散思维。它可以通过纵横发散，使知识串联、综合沟通，达到举一反三。

"行动是老子，思想是儿子，创造是孙子。"政治课主题教学实践将生活与教育相结合，是把握新课程改革，培养学生核心素养和关键能力行之有效的教学方式，高于生活，又回归生活，完成"整个的教育"，为学生的创造性发展和终身发展奠定基础。

（本文2014年9月获江苏省"行知杯"论文比赛一等奖）

第三模块

影响因素

软实力是主题教学教师的根基

一、问题的缘起

"软实力"（Soft Power）的概念是由美国哈佛大学教授小约瑟夫·奈提出来的。1990年，他分别在《政治学季刊》和《外交政策》杂志上发表《变化中的世界力量的本质》和《软实力》等一系列论文，指出：一个国家的综合国力既包括由经济、科技、军事实力等表现出来的"硬实力"，也包括以文化和意识形态吸引力体现出来的"软实力"。"……硬实力和软实力依然重要，但是在信息时代，软实力正变得比以往更为突出。"国家如此，在以人才竞争为特色的知识经济时代，个人也是如此。人才的培养有赖于教育，教育的发展有赖于教师。因此，提升教师软实力，是自我实现，培养创新人才的关键。

马斯洛的"需求理论"告诉我们，人的最高需求就是"自我实现"。所谓的自我实现，就是"不断实现潜能、智能和天资，完成天职或称之为天数、命运或禀性，更充分认识、承认人的内在天性，在人的内部不断趋向统一、整合或协同动作的过程"。自我实现的人是完全自由的，支配他们的行为的因素是来自主体内部的自我选择，从而激发自身巨大的潜能，是人的创造性的最终实现。从历史唯物主义的角度而言，个人价值实现的基础是社会价值，只有实现学生的发展目标，才能实现教师的自我价值。从自我实现的过程可见，教师自能发展目标的实现基于教师自身的"软实力"，就是教师在教育教学活动中表现出来的，催化其教育教学效果，对学生身心发展有直接而显著影响的非物质性的影响力。

二、人格魅力是核心

乌申斯基说："在教育中，一切都基于教师的人格，因为教育力量只有从活的人格源泉中产生出来，只有人格才能影响人格的形成和发展，只有性格才能形成性格。"人格是人的认知方式、情绪特征、意志品质、心理素质、态度倾向、道德品质等的综合表现，是"人的知识、能力、德行、意志、情感、信仰、作风等多因素的共生体"，人格魅力在教师的软实力中居"核心"位置，是"灵魂"，是教师形成对人影响的基础。高尚的人格魅力能产生身教重于言教的良好效果，它不仅能够提高教育的效能，也会促进学生的身心发展、人格形成、职业选择和人生道路的转变。"学高为师，身正为范"，教师的人格魅力对学生人格的引领作用显得至关重要。

现实的教育活动中经常有这样的政治教师，学生十分喜欢上他们的课，课堂上聚精会神，教师的要求不令而行；而有的教师，学生见面也要绕道走，上课时无精打采，草草应付，教师的要求虽令难行。同样是政治教师，为什么学生的态度会有这么大的反差？这就是教师的人格魅力在起作用，是教师的人格魅力在影响学生的内心世界。透射出丰满的人格魅力的教师，其言行、思维方式等都会久远地萦绕在学生的心中，影响着受教育者的观念、行为，让学生肃然起敬，进而爱屋及乌，甚至影响人生道路的选择。"此时无声胜有声"，教师传授知识只是最基本的教育技能，而以自己的人格魅力去影响学生才是高超的教育艺术，才是实现自我价值的高级形式。

因此，政治教师要实现自我发展的目标，必须增进自我人格魅力。首先要树立正确的自我意识。学会客观理智地了解和分析自己，即"贵有自知之明"，在学生面前不能以知识和道德的化身自居，让学生望而生畏，不敢亲近。人最大的问题不是认识世界，而是认识自己。韩愈说过"弟子不必不如师，师不必贤于弟子"，当教师躬下身子充当学习探究活动的合作者时，其"学业便由此而彰明，道术由此而大行"。

其次要进行积极的自我评价，即对自己的思想、愿望、行为和个性特点等进行的判断和评价表现出自信和自尊。处于生理生长与社会情感发展旺盛期的学生如同成长的花朵，需要呵护，更需要自尊自信的阳光。"野蛮产生野蛮，仁爱产生仁爱"，对于中小学学生而言，积极乐观教师的人格魅力是其他任何魅力都不能替代的最灿烂的阳光。如同狮子与羊的故事那样。如果让一只狮子率领一群羊，羊群则会成为狮群；而如果让一只羊率领一群狮子，则狮群会变成羊群。积极自信的教师必然换来学生的群体辉煌。

再次要学会情感的自我调控，即对自己行为进行约束和调节，表现出自律、克制、忍耐。举止优雅、气质高贵的教师让学生顿生倾慕向往之心，与师交往如入芝兰之室，同化只是时间问题；而经常将自己的不良情绪带到教育活动场合的教师，必然会将自己的情绪进行"迁移"。有的教师对待学生态度粗暴，往往把学生当成宣泄的对象，以此来获取内心的满足和平衡；有的教师把学生当做出气筒，对于学生出现的过失，往往恶语相加，大骂一通来泄气。无缘无故就要受"急风暴雨"洗礼的学生自然无法生发对教师的积极情感，教育的目标自然难以达成。

总之，当教师的人格魅力感召学生走向智慧的彼岸，自然也促使教师自身登上自我发展的巅峰。

三、人文精神是根本

人文精神是人在言行中表现出来的以人为对象、以人为中心、对人无限关爱的思想倾向，是对人类生存意义的终极关怀的一种情愫。人文精神是新课标的价值取向，人文精神教育的目标在于启迪人的生存智慧、深化人生价值的反省，整合一个自由而全面发展的人之知情意行。政治教师因承担学科范畴的广泛，尤其需要加强人文精神，它所涉及的范围涵盖政治、经济、文化、法律、逻辑等各方面，以此帮助学生建立完整的人生价值观，并内化地陶冶其人格情操。当素质教育的终极目标定位于培养人的人格和精神，完善人的精神结构，从而实现人的全面发展，最终拥有健康完美的人格时，它首先呼唤它的实践者——政治教师要拥有人文精神。

重视基本训练、讲究制度规范的传统教育方式在应试的放大镜下发挥到极致，饱受应试教育浸润的教师习惯了"目中无人"，唯见分数的教育异化。许多教师无暇甚至无意读书，教材、教参和教学练习成为他们的"圣经"，教师在知识上的话语权仅限于课堂教学内容，在其他领域与学生往往产生知识上的代沟；有的教师将教学理解成了博取高分的训练过程，学生被训练成解题的机器，"衣带渐宽终不悔，为伊消得人憔悴"，无视人的身心健康和发展的反人文主义思想甚至竟然成了许多教师的信仰。据报道，许多缺失学习快乐的学生最大愿望竟然是"睡上一觉"，如此的教育方式在压抑学生主动性和创造欲望的同时，也无法催生教师自我实现的自由之花。

那么，政治教师应如何培养自身的人文精神呢？

首先要厚重自己的文化底蕴。从哲学上说人性的自然基础是人的肉体，由于人们特有的社会实践活动，使人的衣食住行等行为具有了文化的属性；教育是凭借科学文化知识培养人的一种社会活动，是传递生产和生活经验即传播和继承科学文化的必要手段，是一种文化存在形式。可见文化与教育有着密切的关系。因此，作为教育的执行者的教师应成为直接的文化传播者，这就要求教师首先应该是文化的承载者，只有具备雄厚的文化底蕴，才能够承担起教育的使命。

其次要发展自己的民主精神。素质教育的目标要求教师要以人为本，平等地对待学生，"它尊重每一个人的活生生的人生体验和智慧，尊重每一个人独立的认知、情感和价值选择的自主性，尊重每一个人避苦求乐的自然人性和对美好生活的追求。"政治教师只有做到将"自己当学生，将学生当自己"，强调人在万事万物中的主体地位，尊重、关心、理解与信任每一个学生，才能让学生"亲师信道"，真正叩开启迪学生心智的大门，起到"四两拨千斤"之功效。

再次是加强自己的真情感染。学生喜欢真性情的教师，不需要"老板"，只有真情才能打动学生而获得广泛的情感共鸣。"当学生精神不振时，你能否使他们振奋？当学生过度兴奋时，你能否使他们归于平静？当学生茫无头绪时，你能否给予启迪？当学生没有信心时，你能否唤起他的力量？你能否从学生的眼睛里读出愿望？你能否听出学生回答中的创造？

你能否觉察出学生细微的进步和变化？你能否让学生自己明白错误？你能否用不同的语言方式让学生感受关注？你能否让学生觉得你的脉搏与他们一起欢跳？你能否让学生的争论擦出思维的火花？你能否使学生在课堂上学会合作，感受和谐的欢愉、发现的惊喜？"当教师融情感、激情、意志、关爱于教育过程，学生的人文精神也便潜移默化。

四、创新能力是关键

知识经济时代的特点之一就是知识正在以高度分化走向高度综合，大量新型的边缘学科往往融自然科学、社会科学于一体，学科间的相互综合已成为知识创新的重要力量，传统的知识结构正在发生重大变化。这就要求政治教师必须适应知识经济发展的要求，在具备扎实的专业知识的基础上，不断提升自己的创新能力，大胆探索，不断丰富扩大自己的知识面，在掌握学科知识和常规教学方法、手段的基础上，还要掌握与学科有关的学科知识及现代的教学方法和手段，真正做到"常教常新"。某些掌握广博的文化科技知识和教育科学理论的"跨界教师"，更容易让学生倾倒，也才能让学生对多门学科知识进行有效的迁移和综合，真正做到对知识的融合贯通，提高知识应用能力，从而培养出适应时代要求的创新型人才。

作为中国传统教育的弱点——循规蹈矩和缺乏创造性，使得我们的教育可以培养许多高考状元，但泱泱十三亿的人口大国几十年来却难出几个国产的诺贝尔奖获得者，高分低能甚至一度成为"高材生"的代名词，在国家与民族的竞争中我们一开始就输在了起跑线。这一恶果的产生，缺失创新能力的教师难辞其咎。传统中，教师满足于演绎与传承，不习惯反思与发展；致力于讲解与反复，缺少了批判和诘责。于是学生成了应试教育流水线上的规格产品，没有了特色和个性，没有了思考和创造。没有创新能力的教师无法体悟教育真谛，教育对象的发展不能实现，其自身的发展自然也无从谈起，只落得一个疲惫的"工匠"的结果。

那么该从哪些方面打造政治教师的创新能力呢？首先要发展教师的科研兴趣。苏霍姆林斯基说过："如果你想让教师的劳动能够给教师带来乐趣，使天天上课不至于变成一种单调乏味的义务，那你就应当引导每一位教师走上从事研究这条幸福的道路上来。"只有具有科研探索精神的教师才能摆脱原有的课程惰性,跳出教材,打破旧的束缚,不断实践与反思,与时俱进,在快乐的探究中完成自我超越。与这样的教师为伍,聆听教诲的过程便是学生改变习惯,超越传统,突破自我体能的、知识的、智慧的极限,从而实现自我创造的过程。由此可见,教师的科研能力直接关系到学生的创新能力的培养。

其次要发展教师的批判精神。马克思主义哲学告诉我们,运动是绝对的,静止是相对的。科学不是一成不变的,而是在不断的破与立的斗争中达成对真理的认识。作为教师,有必要在教学工作中本着批判的精神开展教学研究,这是通向创新的大门。这样才能破教书匠的匠气为学者的灵气,才能不成为教材的附庸,教师才有了不可取代的独立的价值,教育才有了人文的意义。

再次是不断超越的科学精神。美国的科技史专家乔治·萨顿认为,科学的"主要目的和最大报酬就是真理的发现"。作为学生学习活动的引导者、创新活动的合作者,教师的这种科学探索的精神必然感染学生生发对自然、社会、学科知识本身的惊异和好奇,成为学生求知欲的当然源泉,并在长期的潜移默化中使学生的求知欲升华为科学精神。

教育实践证明,政治教师不仅仅要自己具备渊博的学识水平等硬实力,更要厚重自己的软实力,用自己的品格去影响人,用自己的灵魂去引领人。

（本文刊登在《中学政治教学参考》2009年8期）

第三模块　影响因素

新课程改革呼唤彰显教师的人格本色

只有经历烈火的煎熬，方可获得生命的力量，只有经历痛苦的考验，才能达到精神的升华。新课程改革对于传统教育模式下的教师而言，无疑具有革命性的意义，它要求教师在改革中不畏痛苦，不断追求，需要教师改变理念，提升能力，更新自我，再造自我，彰显出自然独特的人格本色。

一、彰显人格本色：教育的永恒之义

1. 人格完善是人类发展的需要

教育是养成人格的事业。心理学认为，人格，也称个性，指一个人的整体精神面貌，即具有一定心理倾向性的心理特征的总和。伦理学认为，人格即个人的道德品质。人类的进步就在于人格的保持与发展，而教师存在的意义就在于使人格得以保持，得以发展。

伟大的剧作家莎士比亚曾经说过："你是独一无二的。"联合国教科文组织在《学会生存》（1972年）报告中指出：世界教育面临三大危机，其中之一就是人格教育的缺失；在《世界全民教育宣言》（1990年）中指出："教育发展的另一个同样重要的目的，是共同文化与道德价值观的传递与丰富。个人和社会正是在这些价值观念中找到了他们的认同感和价值"；在《反思教育：向全球"共同利益"的理念转变？》（2017年）中指出："教育将促进人权和尊严，消除贫穷，强化可持续性，为所有人建设更美好的未来。教育立足于权利平等和社会正义，尊重文化多样性，促进国际团结和分担责任，所有这些都是人性的基本共同点。"看来，重视人的全面发展，重视人格完善，已经日渐受到广泛关注，并且在世界范围内成为人们的普遍共识。

也正因如此，许多国家先后开展了素质教育或品格教育。研究表明，学业能力和品格发展这两个教育目标不是互相排斥的，相反，良好的能力可使品格以更高级的形式表现出来，而良好的品格又可使能力得到更好更快的发展。"播种行动收获习惯；播种习惯收获性格，播种性格收获命运。"当我们每一个人的性格得以改变，可以相信，一个国家乃至整个民族的命运也将得以改变。

2. 人格彰显是人才创新的基础

"创新是一个民族的灵魂，是国家兴旺发达的不竭动力。没有创新，就没有民族的进步，就没有国家的发达。"在知识经济的今天，国际竞争愈益表现为以经济和科技为基础的综合国力的竞争。中国特色的社会主义市场经济是以自由、平等为基础的经济，而自由、平等必须以独立为前提，而独立必然要求凸显每一个个体的人格本色。在自主创新的潮流中，科技创新则更加需要具有独创精神的人才。然而，受传统思想的影响，中国人似乎更习惯于从众思维模式，具体表现为：其一，求同，随大流，追求和别人一样；其二，相信别人胜过自我。这种刻意趋同与自我否定，使得我们的国民在整体人格上受到扭曲和泯灭。事实上，一个人一旦缺失人格本色就如同缺乏了灵魂一样，这样的人绝不是完整意义上的人，这样的教育也绝不是完整意义上的教育。国家的进步依赖于个体人的发展，在这样一个倡导独立、追求自由、张扬个性的时代，教育需要为国家培养有个性的人才，需要让每个人充分彰显自己的人格本色。从某种意义上说这正是教育的根本任务。作为教师，肩负着具体教育活动的实施，更有必要率先彰显其人格本色。

二、迷失人格本色：教育的现实之痛

1. 传统观念诱失教师人格本色

在传统的教育观念下，教师因为担负着传承文明薪火的重大使命，因而同天地、君王、祖先一样歆享着世人的香火供奉。教师自觉不自觉地将自己包装成"知识与道德"的化身，让自己蹲踞在教育的神龛里，自然地接受学生的尊重膜拜，师生距离有如鸿沟。这种师生关系使得传统教学往

往以教师为中心，并进行单向知识传导，教师作为普通人的本性就迷失在学生的视野中。

"教育有两个根本弱点，第一弱点是它忽视了（不是单纯地否定）个人所具有的微妙而复杂的作用，忽视了个人所具有的各式各样的表达形式和手段。第二个弱点是它不考虑各种不同的个性、气质、期望和才能。"正是这种传统教育的先天不足，诱失了教师的人格本色，导致了教师在教育中缺乏个性。教育如果没有本色飞扬的教师作为承载，也就全无超逸之处，也就没有了个性，也就失去了"情趣"和"品位"，它不可能诞生多彩、有趣、鲜活的教育情境。

2. 应试教育丧失教师人格本色

一个更为悲哀的现实是，因为中国经济水平的制约，高考成为普通大众改变命运的独木桥。长期以来，受应试教育的影响，对教师的评价、专业发展的内涵等都出现了严重的偏向。往往是谁的升学率高、谁的分数高，谁就是好教师。什么因材施教，什么素质教育，什么个性特长，什么个人爱好，都比不上高考的那个百分点。自身人文素养的提升和个人专业化成长都遭到了不应有的漠视乃至抛弃。在统一的教学设计中，在死板的练习测验里，在单一的评价标准下，教师们千人一面，彼此模仿，当着一个标准的教书匠。愿意表达自己新思想的老师因缺少关注和宽容而常常被误认为是"异类"，教师的创造性不能得到及时肯定，更无法得到有效发挥，这样的模式迫使教师们扭曲了自我。

不但如此，教师们在扭曲自我的同时也在扭曲着学生。在应试的指挥棒下，许多优秀教师纷纷变成了分数的奴隶，充当着考试机器的监工，简单粗暴被包装为"恨铁不成钢"，歧视逼迫被称为"出发点良好"。教育没有了民主和平等，缺失了道德与温情。从教育的实践看，人格本色缺失的教师，他们很难接受学生中富有生命气息的新思想、新做法，取而代之的是一个个没有色彩与情感的数字符号。教师之于学生，所充当的只是应试教育的助虐者；他们不仅不能欣赏学生的独特个性，反而可能成为个性品格的扼杀者。

三、重塑人格本色：教师的天然之职

1.重塑人格本色事关学生个性的发展

新课程改革要求教师在教学过程中处理好传授知识与培养能力的关系，注重培养学生的独立性和自主性，引导学生质疑、调查、探究，在实践中学习，促进学生在教师指导下主动地、富有个性地学习。要发展学生的个性，必然需要个性的教师。苏联教育家乌申斯基指出："只有人格才能影响人格的发展，只有性格才能养成性格。"很难想象，一个没有自我人格本色的老师，他能够培养出个性鲜明、人格纯善的学生来。

行为是受思想支配的活动，因此一切教学行为是在教师理念主导下的信息传递与交流。从教学行为而言，教师的性格对于学生的成长具有播种的意义，如同"把一群羊交给一只狮子，带出来的就是一群狮子；反之，如果把一群狮子交给一只羊，带出来的就是一群羊！"在电视剧《亮剑》中，李云龙的部队之所以荣立的战功让兄弟部队既佩服又嫉妒，其战斗力让对手既仇恨又尊重，其原因就在于他们身上共同展示出来的"亮剑精神"——"面对强大的敌手，明知不敌也要毅然亮剑；即使倒下，也要成为一座山，一道岭。"而这正是"战神"式将军李云龙的一生写照。新课程改革要求教师成为教育领域里的李云龙，只有李云龙式的教师，才能在教育中重视学生的独立意识、自信心态、自主精神，才能努力创造条件，让个体充分展示，充分发展，才能培养出李云龙式的学生。要造就有活力的、有创造性的学生个体，教师自己必须本色飞扬。

2.重塑人格事关教师工作的职责

"教师是学校里最重要的师表，是直观的最有教益的模范，是学生的最活生生的榜样。他希望引导别人走正确的道路，激发别人对真和善的渴求，使别人的素质和能力得到最好的发展，因此他应当首先发展他本身的这些优秀品质。"一个富有魅力的老师，他一定敢于想别人不敢想的事，说别人不敢说的话，做别人不敢做的事，他一定愿意袒露人性的本真，展示自身的特长，表现个人的趣味，告白生活的追求，而这一切必然会潜移默化地感染他的学生。

由于它是出自生命中的一种力量，自然驱使教师以教书育人为崇高的职责，以自己的真诚去换取学生的真诚，以自己的正直去构筑学生的正直，以自己的纯洁去塑造学生的纯洁，以自己人性的美好去描绘学生人性的美好，以自己高尚的品德去培养学生高尚的品德。因此，在素质教育的天空里，要实现发展学生的个性目标，必然呼唤个性化的教师。

教师如何重塑自我，让人格的魅力绽放自然之花，散发本色之香？

第一，在知识修养中陶冶自我。"教师应该是个具有高超的德行、持重、明达、和善的人，同时又要具有能够经常庄重、安适、和蔼地和学生交谈的本领。"因此，教师必须首先致力于自身的专业成长，以渊博的学识和较高的人文素养武装自己，形成独特的风格与才能。读书无疑是强化他们人文素养、提高自身素质、完善人格修养的主要途径。"教师的读书不仅是寻求教育思想的营养，教育智慧的源头，也是情感与意志的冲击与交流……从而让我们的教师更加有教育的智慧，让我们的教育更美丽。"教师除了认真研究课本、教参外，更须每天拿出一点时间来阅读经典，经常让自己与经典同行，和圣人为伍，远离浮躁。不断地学习，才可能以更广阔的视野来思考教育教学工作，完善自己的人格，成为滋养学生个性良好发展的源头；而良好的个人修养又使得教师善于处理、协调跟学生以及同事之间的关系，有利于创造融洽和谐的工作氛围。马克思说：性格是环境的产物。接受人格鲜明的教师熏陶，学生的性格必会受到各方面的良好影响而受益终身。

第二，在课程改革中改造自我。人是有能动性的，人是在改造自我的过程中逐步地显露个性、塑造个性和形成个性的，人生从某种意义上来说是一个改造的过程，一个重塑自我的过程。美国学者波斯纳认为：教师的成长＝经验＋反思。不同时代的社会对教育的要求也会不同，进而会导致教师在教学过程中所扮演的角色的不同。在新课程标准要求下，教育目的不仅仅是科学知识的传承，更是科学知识、科学方法、科学态度和科学精神以及科学价值观和行为习惯的综合教育，教师要在反思中切实更新教育思想，转变教育观念，按照新课程标准的要求，采取积极的态度，积极地行动，克服盲目的教师权威，努力做好学生学习的合作者、发展的促进者，树立民主法律意识，倡导崇高的道德观念，尊重每一个学生，不断提升教师自身的人格魅力。

第三，在时代潮流中发展自我。当前，一场新技术革命的巨大浪潮正在激烈地冲击着世界的各个角落，深刻地影响着社会的各行各业。它要求教育基本观念就是开发人的智力，挖掘人的潜能，培养创造型人才。作为时代精神的传承者，教师必须努力培养自身从不满足、不断向上的执着探索精神，以培养出社会所需要的栋梁为己任，以学生主动积极的发展为最高目标，并围绕这一目标而孜孜不倦地工作，始终用胜不骄败不馁的形象去感召学生去追求卓越，在挫折和困难面前，做一名当之无愧的强者，不陶醉于成功之中而不思进取，不沉溺于暂时失败的痛苦中不能自拔，总在确立新的奋斗方向和目标，用勤奋和智慧浇灌出更丰硕的成果，让努力进取成为个人幸福生活和持续发展的不竭源泉。在教师的这种强烈的自我发展的精神感召下必能唤起学生的主动发展意识，激发个性成长的内驱力，引导他们成为时代的弄潮儿。

莫让深沉压抑了积极的种子，别让世故锈钝了竞争的犁铧！愿新课程改革的烈火燃烧出一片新的教育天地，愿在这片新的教育天地里成长一批个性激扬的教师！

（本文刊登在《教书育人》2010年4期）

第三模块 影响因素

促进深度学习的主导作用初探

二十一世纪是知识经济的时代，二十一世纪教育的核心是创新教育。所谓创新教育是依据创新学的理论和方法，通过教学，使学生在掌握知识的基础上学会创造。创新教育的实质和目的就在于实现人类认识的发展，使之超越原来的水平，达到一个新的高度。创新教育不仅仅是继承，更注重发展。创新教育与传统教育的一个最大差别就在于传统教育以传授知识为主，发展能力为辅，创新教育以发展能力为主，传授知识为辅。在实际教学中，我们政治教育教学的一个疏漏，就是过于看重学生对某一知识点的掌握，而忽视知识的迁移和创新，学生不能走向深度学习。

政治课主题教学就是要发挥学生学习的自主作用，从浅表学习走向深度学习，发展批判性思维和创新思维，培养他们的创新素质。因此，政治课主题教学中教师的主导作用直接关系到课堂教学能否打破传统的教学模式，引导学生主动学习、深度学习。笔者就此谈谈在政治课主题教学中教师如何发挥自己的主导作用，尊重学生的主体性，激发学生的创造性。

一、要树立正确的学生观

应试教育的弊端之一就是认识学生的片面性，总是以分数来衡量一个学生的优劣，这既使得教师、学生以分数作为追求目标，更使得一部分学习成绩不如意，其他能力较强的学生得不到足够的心理满足而失去对学习的兴趣。而创新教育重在培养学生的创新精神，创造意识和创新能力。由于中国文化主要沿袭的是儒家思想，崇尚传统，尊师守礼，表现在教学形式上要求学生循规守道，向老师质疑被认为是"标新立异"，向书本、名人提出怀疑和挑战被认为是"离经叛道"，从而扼杀了学生的创新能力。这些都不是正确的学生观。

所谓正确的学生观，就是教师要有正确的育人意识。个人理解为三层含义。首先要从人的全面角度看待学生。人的全面认识就是把学生当作学生，当作一个活生生的人，有自尊、有个性、有情感、有爱好、有青春期特点。要尊重学生的这一切，从人的各个方面（德智体美劳）全面认识学生的素质，不能像传统的教学模式下搞"智育至上"，不是唯分数论。其次平等地看待学生。政治课主题教学强调平等是课堂师生关系的基础，没有平等、民主，就没有自主学习、深度学习的氛围和土壤。主题教学中，教师只是平等中的首席，是学生学业指导和人生成长的导师，是课堂教学的合作者和深度学习的引导者。教育的角度是水平的，而不是居高临下的。"三人行，必有我师焉。"教师和学生也就是先知和后知的关系，或者说是在某一领域比别人先知而已。在科技日益发达、信息爆炸的新时代，学生获取知识的渠道是多方面的，在很多领域的信息量甚至超过老师。再次要发展地看学生。个体的人是一个不断发展的人，要以积极乐观的眼光和态度去看待学生，坚持每个学生都是可造之材，尊重学生的人格发展，积极地看待学生的身心变化。学生的发展是一个连续的过程，相信处于发展中的学生具有巨大的发展潜能，不能用静态不变的眼光看待学生。只有这样，才能为学生受教育提供一个宽松的教学环境，有利于学生自由地发展，富有个性地发展，活泼生动地发展。学生个性得以展示，学习得以主动发生，则必然会促使学生主动去建构和创造，这是深度学习发生，创新教育目标实现的根本前提。

二、要树立正确的教学观

传统教学形式下，政治老师往往是一支粉笔、一本书、一张嘴，老师台上讲。学生台下记，学生成了"留声机""书记员"。这种课堂教学方式，重知识积累轻能力培养，学生唯书、唯上、唯名人，缺乏求异、求新和求实的创新精神。

爱因斯坦认为：教师是"教导者"，既"教"又"导"。老师应通过正确的"导"，收到"自学求得，自求得之"的教学效果。这种教学结果，正是学生从浅层次学习走向深度学习的表现。政治课主题教学中，因人、因知识、因教学目标的不同而采取不同的教学形式，对课堂教学形式进行相应的变化。预学的有些内容就是可以通过学生自学达到相应效果的，学生在自学中求得知识的掌握。这种教学形式下，教师是一个"指导者"，只要设计好相应的预学案，让学生自主习得。合作探究主要针对具有一定深度的内容。教师设置一定的情境，在情境材料中赋予一定的问题设置，指导学生在解决问题过程中自主求索，教给学法。合作探究中，学生是一个探索者，通过合作学习，学会知识，学会学习，提高能力；教师则是"组织者"，组织学生进行讨论，得出答案，有的则是教师予以解答。在具有挑战性问题时，则更多地采用小组讨论研究模式。而教师则是"合作者"，在学生提出相应的困惑和不能理解的问题时，在学生思维出现疑问时充当合力攻关的同伴。在这个提问—讨论—探究过程中，学生质疑的深浅，反映了钻研知识的程度；同时，学生的信息整合能力得到锻炼，质疑能力得到提升。因此，政治课主题教学实践中，教师鼓励学生敢于质疑、善于质疑，并做到积极评价，不敷衍。这样做，充分调动了学生的学习主动性，融洽了师生关系，更提高了学生的创造力。

三、要树立正确的教材观

政治课教材具有鲜明的政治属性，这是由其课程性质决定的。政治课教材还注重内容的科学性。从体系框架和内容构成来看，教材编写还有丰富的活动安排，在坚持政治性与科学性相统一的基础上，注重教材内容的多样、生动、活泼，努力体现中学教育教学的要求，体现高中学生的身心特点。如探究与分享、名词点击、专家点评、综合探究等。其中，以探究为核心的丰富多彩的活动安排，体现了活动性学科课程的教学要求。

政治课主题教学要树立正确的教材观，首先就是要"教教材"。矛盾具有特殊性，不同事物间相互区别的标准在于其本质属性的差异。这里的教教材不是把教材当作经典来照本宣科，而是因为政治课教材的政治性决定了其主体内容是党和国家重要理论，思政课作为落实立德树人根本任务的关键课程，不仅具备一般课程的教育功能，还承担着传授马克思主义理论、传播党和国家的主流意识形态、进行思想政治教育等重要职能。因此，政治课主题教学的内容必须与党的指导思想和创新理论高度一致，必须将教材中的党的创新理论最新成果准确地传达好、阐释好，政治教师要不断锤炼讲好马克思主义道理的过硬本领。只有这样，政治课才能保持高度的思想性和政治性，通过讲好道理帮助学生更加深刻地认识到必须坚持以习近平新时代中国特色社会主义思想为指导的同时，更好领悟党的创新理论体现出来的科学性和创新性。既彰显了课程本质属性，也为学生的创新精神培养提供了鲜活的实例。

其次是"用教材教"。学生创新精神的培养更主要的体现在主题教学中教师如何用教材教。教材中为了符合中学生身心特点，增加了大量实际生活的内容，包括探究与分享等。这些内容由于贴近学生生活，受到学生的喜爱。因此在政治课主体教学中培养学生的创新能力不要拘泥于课堂，还可以充分依靠课本知识，设置探究性学习的课题，组织探究活动。还可以搭建课外教学平台，开展课外教学和研学活动，以社会为课堂通过这些和书本知识有一定关联的研究性课题，开拓他们思考、感悟、体验的时空，提供他们探索、发现、创新的机会。这种形式可以让学生的脑动起来，省悟、回味、反思所学的知识；让他们的眼动起来，不断从生活中学会认知、比较和思索；让他们的口动起来，学会运用知识来分析问题，"真理越辩越明"；让他们的脚动起来，走向社会，通过进行研究性课题的研究，充分激发他们运用知识、发现知识的潜能。这种让学生走向前台，积极地参与教学的研究活动，忘我地由"受动"变为"主动"，由"群众演员""配角"跃为"主角"，学生学会将书本与生活和社会实践结合起来进行独立思考，要把死读书、读死书变为会读书、读活书，使分析问题、解决问题能力得到不断提高，学习从被动转为主动，从浅层次的习得转向深度的建构，创造能力获得培养和锻炼。

新的时代是竞争的时代，科技水平直接关系到国家和民族的竞争能力，因此民族创新能力关系到中华民族的兴衰存亡。我们要深化教学改革，促进学生深度学习，培养学生核心素养，发展学生的创新精神，以迎接新的挑战。

（本文刊登在《中学课程辅导》2015年19期）

第三模块 影响因素

政治课主题教学学生角色定位引导

思想政治课主题教学强调根据核心知识，围绕主题情境进行合作探究，调动学生的兴趣，促进他们的参与，发展他们的自主意识和探究的精神。这就要求主题教学的课堂要改变传统过于注重知识传授的倾向，强调形成积极主动的学习态度，使获得基础知识与基本技能的过程同时成为学会学习的过程。传统的政治课教学基于知识本位，学生习惯把自己定位于知识的接受者、教师的传授对象，学习缺乏主动性和创造性，表现为没有课前预习，不能对所学内容进行宏观认识；课堂没有参与，对所学知识缺乏微观把握；课后没有探究，无法形成知识的传递和创新。久而久之，学生对政治学习失去应有的信心，享受不到交流、体验、成就、探究的乐趣，停留于浅层次的学习，没有高阶思维的阐述，也就难以实现学生的关键能力的形成和核心素养培养。那么，应该如何引导学生转变角色定位，让他们在政治学习时发展个性、展示自我、走向深度学习，实现自能发展呢？

一、自能发展中学生角色定位的思考

1.自我探究的需要者

学习，是一个从"未知"到"知"，从"旧知"到"新知"的过程。在这个过程中传统政治课教学总是教师把自己"已知"的知识传授给学生，一步一步地引导学生靠近现成的答案，学生按教师设定的模式反复操练，逐步掌握技能和方法。这样的接受性学习体现了典型的"被动性"，扼杀了学生主动探究的乐趣。

苏霍姆林斯基说过："人的心灵深处，都有一种根深蒂固的心灵需要，感受到自己是一个发现者、研究者、探索者。"正是这种自我探索和研究，使学生的主动性得到极大的发挥，奠定了自我发展的基础。因此作为政治教师，我们应当尊重学生的这种心灵需要，让学生学会主动探究，在探究的过程中体验成功，体验快乐。

2.自我体验的需要者

《全日制义务教育政治课程标准》指出：应让学生在主动积极的思维和情感活动中，获得独特的感受、体验和理解。作为学生，必须通过自主学习，获得对知识的独特的理解，进而与其他学生交流彼此的感受，在自主学习中体验知识原理形成的乐趣，在合作学习中体验与老师、同学对话的乐趣。最终实现对知识的自悟和自得。

美国教育学家杜威说过，"教育必须从心理上探索儿童的能量、兴趣和体验的习惯开始"。在政治课教学中应提供充分的时间和空间，结合学生的实际，使他们体验知识，参与思维，发展自我。

3.自我成就的需要者

美国心理学家詹姆斯有句名言："人性最深刻的原则就是希望别人对自己加以赏识。"马斯洛则把人类的最高层次的心理需要归结为"自我实现的需要"。在主题教学过程中，教师应该充分认识到学生角色的这种定位：学生需要通过认可和欣赏，以体现自我的成就。教师和自身的认可和欣赏，是学生自我成就的重要力量源泉。

因而，政治教师在教学中对学生的重视、关怀和期待，是学生信心的动力的泉源，对培养他们的自信心理品质，帮助他们走向成功起着重要的作用。

二、促进自能发展，引导学生转变角色定位的行为策略

1.满足学生自我探究的需要　开展探究性自主学习

政治课主题教学强调合作探究，开展探究性学习。探究性学习的步骤要合乎学生的认知发展规律。首先通过提纲阅读和课外补充资料阅览的方式获得对所学知识的整体把握，初步把握知识前后之间的联系，形成所学内容的整体轮廓；在此基础上自我探究应知应会的内容，获得思维的快乐。

在探究性学习中本人指导学生从三个层面对知识进行把握和思考：（一）了解知识"是什么"。这一内容可以从概念、定义、原理、理论等方面来把握，具体研究中着重研究其中的关键词，感知知识的本质构成。如学习"物质"这一知识时其关键词就在于"客观实在性"，其本质理解在于"客观即不依赖于人的意识；实在即可以被人所感知"。（二）弄懂知识"为什么"。如在学习"我国的所有制结构"的知识时，其原因的探究可以从"理论和实践"两大层面来研究，根本原因则要从"生产力与生产关系"这一客观经济规律来入手。（三）探究知识"怎么样"。把握知识产生的意义、弄懂该知识对我们的启示、研究今后采取的对策等都应是"怎么样"的范畴。如对"市场经济的作用"学习时，学生可以主动研究市场经济对国家、企业和消费者三个方面的启示，并进一步思考我们相应的措施。

为促进学生的自我探究，帮助学生更好地实现学习的目标，教师要做好有关资料的搜集工作，借助阅览室、因特网等工具，让学生对相关学习内容在更广范围的全面把握，从而帮助他们更好地理解知识；条件允许时教师可以只提供相关资料的来源途径，让学生在自我查寻中学会对信息的采集、分类、加工和消化，这样，他们不仅学会了一套自我研究的方法，还得到了自我体验知识的形成过程的情趣，并由此而产生出"老师行我也行"的情感，实现了自我身心的积极变化。

指导学生探究性学习时应注意开始时多利用课堂让学生进行探究学习，见机进行方法指导，待学生对探究学习的方法有所掌握，产生了一定兴趣后，再让他们在课外独立自主地进行探究性学习。要加强对探究学习成果的检查与评价，一定要多用积极评价，唤醒学生无穷的潜能，努力让学生保持旺盛的精神动力，把探究性学习看成体验快乐、体验成功的载体，引导学生养成探究性学习的好习惯，促进学生主动发展。

2.满足学生自我体验的需要 实行开放性课堂教学

政治课主题教学强调尊重学生个体，发展学生个性。德国教育学家第斯多惠说过，"应当考虑到学生天性的差异，并且促进独特的发展。不能也不应使一切人都成为一模一样的人，并教以一模一样的东西"。开放性课堂教学，为满足学生独特的自我体验的需要提供了载体，能使学生的个性得到张扬，其个性化的学习习惯得到尊重，学生的知识能力、思维方式和情感态度得到客观、公正的全面评价。痛苦的政治课由此而变成快乐的政治课，何乐而不为呢？

在开放性课堂教学中，要注重问题设计的开放性、教学内容的开放性，营造学生探究、发现、表达自我独特体验的氛围。如在学习"社会主义市场经济"相关内容时，结合当前我国的知识产权保护问题，先以开放性较大的思考题来引导学生表达自己对知识产权保护的独特体验，然后再根据侵权行为对我国经济宏观和微观等方面的影响，采用对话、讨论或答记者问的形式，多角度来思考我国当前的知识产权保护现状。整堂课以开放性为灵魂，注重学生自我体验，并表达自己的看法，使学生在体验、交流中获得快乐。

在开放性课堂教学中，还要注重教学评价的开放性，引进多维、公正的评价机制，鼓励思维的多向性，保护异向的思维火花，促进学生的自我创新。

3.满足学生自我成就的需要　实践赏识性教育理念

苏霍姆林斯基认为："教育技巧的全部诀窍就在于抓住儿童的这种上进心，这种道德上的自勉。要是儿童自己不求上进、不知自勉，任何教育者就都不能在他的身上培养出好的品质。可是只有在集体和教师首先看到儿童优点的那些地方，儿童才会产生上进心。"作为学生，都盼望来自教师的赏识。政治课主题教学实践中，教师的认可和欣赏，能开启学生内心的门窗，鼓舞学生的学习热忱，感受成就的喜悦，激发学生生命中蕴含的无限潜能。

这种赏识教育需要我们政治教师营造浓浓的人文关怀的氛围，善于利用教育契机，捕捉闪光点，相信学生，帮助学生建立自信，培养学习兴趣，提高自我能力。成功的实质是不怕失败，学生第一千次摔倒了，做教师的要坚信他能一千零一次地站起来。学生一旦有进步，老师要及时、中肯而充满热情地评价，哪怕一句鼓励的话语，一个期待的眼神，一个亲切的手势，都会让他感到无限温暖，给他们留下深刻的印象。他们一旦意识到自己被重视、被赏识，便会立即点燃希望之火，成长出能力的幼芽。

本人曾经有位学生政治基础很差，学习缺乏信心和兴趣，但很喜欢军事。在分析"经济是一切活动的基础"知识时用各国军费开支作例，他一改课堂无精打采的神态，向前后左右的同学卖弄他的所知，我便及时请他到讲台上来给大家介绍当今各国的军费开支、军事实力和对外影响。他果然讲得很全面很丰富，虽不够透彻，但我很高兴地极力称赞他"知识很渊博，比老师了解得更详细和准确"。从此他对政治的学习热情高涨，对课堂学习参与很积极，政治成绩也有了很大的提高。可见在学生身上，存在着不可估量的潜在能力，只要抛弃错误的教育方法，赏识他们的每一点进步，让他们永远充满自信，则无论什么样的学生，都能使其在原有的基础上获得成就。

总之，在新课程改革的春风吹拂下，只要我们通过得当的行为策略引导学生角色定位，促进学生主动学习，则必然会使学习走向深度，迎来学生自能发展的春天。

（本文刊登在《教育研究与评论》2009年10期）

注意力是提升政治课主题教学有效性的关键性因素

政治课主题教学有效就是指在政治主题教学活动中，教学活动的组织者以一定的方式和手段，以一定的投入实现教学目标而组织实施的活动。政治课主题教学有效的标准是单位时间内学生学习过程与学习效果的统一，是学生知情意行的全面统一，是师生双方教育生命活动共同作用的结果。因此，学生在这一活动中的注意状态是有效性的关键性因素之一。心理学研究表明："注意是指人们把自己的心理活动指向和集中到某一对象上去，它对学生的学习具有极其重要的意义。""教师的巨大技巧在于集中与保持学生的注意力。"只有想方设法保持学生注意，才有利于学生对信息的接收和加工，从而最终提高主题教学课堂质量。如果学生在课堂上注意涣散，就不能产生良好的教学效果。

一、精心设计导入，唤起学生注意

良好的开始是成功的一半。"巧妙地导入新课，可以激发学生的求知欲，诱发积极思维，可以与学生建立起情感的桥梁。"思想政治课主题教学时精心运用导入艺术，巧妙地导入新课，会使学生耳目一新，促进学生学习的主动性和积极性，从而激发学生强烈的求知欲，收到事半功倍的效果。因此，教师应通过多种方式对导入进行优化设计，让政治课导入充满魅力，以达到上课伊始就紧紧吸引学生，最大限度地激发学生求知欲的目的。

1.文学导入法。政治课的政治属性决定了其往往具有"抽象性和说教性"的特征，这与学生兴趣不统一，影响学生的注意集中。而中外优秀文化都有很多文学典故，这些典故含义深刻，意味深长，是有很高艺术性和文学性的作品。在政治课中，能适当地引用典故，使抽象理论形象生动，使深奥的道理浅显易懂，既可以开发学生的非智力因素，有利于学生轻松地接受和形象地理解所讲的内容，又能活跃课堂气氛，提高学生学习兴趣。如在学习规律的知识时，先要求学生来背诵杜牧的诗《赤壁 》："折戟沉沙铁未销，自将磨洗认前朝。东风不与周郎便，铜雀春深锁二乔。"然后让学生分析它的主要意思，说明历史兴衰有其自身的规律，自然就将学习内容过渡到新课。

2.故事导入法。爱听故事是学生的"天性"。据有关研究材料表明：普通中学的初中学生爱听故事的占95%以上，高中学生占85%以上。将枯燥的理论蕴藏于充满情节与趣味的故事中，可以马上将学生的注意收束到新课内容上来。如学习量变质变问题时，讲述"印度的舍罕王打算重赏国际象棋的发明人，出人意料的是这位发明人的胃口并不大，他只要求国王在棋盘的第一格里放一粒麦子，第二格里放二粒麦子，第三格里放四粒麦子。照这样每格内比前一格加一倍。把棋盘的64格放满就行了。国王听完后欣然答应了"。然后问学生，如果你是国王，你能否答应他的请求？当学生开始争论时不妨让学生算一算，这位发明者所要的麦子究竟有多少，$1+2+4+8+16+\cdots\cdots2^{64}=18\ 446\ 744\ 073\ 709\ 551\ 615$（粒）。而这些麦粒大约相当于四百多万亿公斤，相当于全世界两千年生产的全部小麦！当学生情绪沸腾时再问他们，国王犯了什么错误？于是水到渠成地进入了所要学的内容：事物的发展是由量的积累到质的飞跃。

3. 活动导入法。现在的学生好动、求新，对新的东西特别感兴趣，因此设计新颖的活动能启迪学生的思维，激发学生的激情，调动学生的积极性。例如在学习"货币"的时候，可在讲台上放一些季节性水果，模仿在集市上的果农，然后请三位学生用不同的东西来交换。第一位学生用书去交换，教师说："我现在不用书，因此不能换给你。"第二位学生用一支笔来交换，教师说："对不起，我也不需要笔。"第三位学生灵机一动，从口袋里掏出一元钱来买，这时教师便接过钱完成交换。学生的注意力十分集中，教师抓住这个时机引出——货币。这样导入新课，引人入胜，充满着情趣魅力。

二、激发学生兴趣，调控学生注意

俄国大文豪托尔斯泰指出："成功的教学需要的不是强制，而是激发学生的学习兴趣。"兴趣是学生主动学习的内在动力，学生的求知欲愈强烈，学习的兴趣就会愈浓厚。因此，最大限度地激发学生的学习兴趣正是有效调控学生注意力的关键所在。

1.选择合适事例，适应学生注意

高中思想政治课教材内容紧贴学生生活，题材广泛，形式多样，哪些内容容易吸引学生，教师要在备课时做到心中有数，应该抽出一定的时间深入到学生中去，了解教材中哪些内容是学生喜欢的，哪些内容是学生不喜欢的，然后根据多数学生陈述的好恶理由对学生的兴趣进行分析，结合对他们爱好、志趣、性格差异的了解，选择合适的材料，准备课堂教学。然后在组织教学时可以有效地利用学生的兴趣点开展分析、讨论，从而唤起学生的参与兴趣，提高主体的学习积极性。如在学习"经济全球化"时，让学生在教室里、课堂上"找一找"全球化的影子，引起学生的注意和参与兴趣，然后进行自我分析，在学生们开心、热烈的讨论中渗透知识的学习，实现教学的目标。

2.巧妙设置悬念，刺激学生注意

心理学和教育学的有关研究表明："学生求知欲的产生需要新奇的刺激，更需要教师思维的不断创新。"适时巧设有一定难度，又要求学生发散思维才能解决的疑问和悬念，就可以充分激发学生质疑和解疑的兴趣，从而取得良好的教学效果。如在学习"社会存在与社会意识时"分析《郭巨埋儿》的故事，（汉代有一个叫郭巨的人，家境贫苦。其老母常将自己吃的一份饭分给三岁的孙子吃。郭巨心中不安，怕影响母亲的健康，不合"孝道"，就和妻子商量，决定埋掉自己的儿子，以免老母分食）（结尾造成悬念：郭巨夫妇怎么这样残忍？）学生哗然，议论纷纷：太过分了！太过分了！教师适时引导："为什么？"学生：尊老爱幼，应是中华民族的美德。孝敬母亲埋掉儿子，不必要，太过分。教师适时导入理论：郭巨埋儿，是一种小生产的狭隘观念和行为。但这种狭隘观念和"尽孝"的道德标准，是由封建制度小生产物质资料的生产方式决定的。这种让学生带着疑问积极思考，自觉进入主动求索的学习状态，学生脑海里泛起思考的阵阵涟漪，这就激发起学生浓厚的求知欲，并达到了增强其学习兴趣的目的。

3.联系社会热点，吸引学生注意

单纯的理论常常涣散学生的注意，而作为政治课重要教学资源的时事政治，往往很容易生发学生的兴趣，吸引学生的注意。教师可充分利用这一特点，用一定的时间，借鉴中央台"朝闻天下"的模式，进行时事报道，并加以适当评述，引导学生对信息搜集与加工。这样，一方面在政治教学中体现了政治课的时代感和生命力的特征，从而在"小课堂"中营造一种"大社会"的氛围；另一方面让学生热衷于在课堂上对国内外重大热点问题进行分析讨论。此时他们的学习热情最为高涨，学习的注意力也最集中，教学的效果必然得到有效的提高。

三、注重语言艺术，保持学生注意

教育学家苏霍姆林斯基说："语言在极大程度上决定着学生在课堂上脑力劳动的效率。" 注重运用语言艺术吸引学生的注意力是提高学生听课效率的重要一环。政治课教学中，教师的讲解一定起着关键性的作用。教师如果能在课堂教学中巧妙地发挥语言艺术的特殊作用，使显得枯燥、乏味、单调的政治课变得悦耳、动听、充满魅力，那么学生的注意力就会被教师艺术化的语言所吸引，教师与学生就能共同思考，共同领悟，心领神会。

1.语言的幽默性。苏联教育家维特洛夫指出："教育家最主要的，也是第一位的助手是幽默。"它可使整个教学顿时生辉，并能创造出一种有利于学生学习的轻松愉快的气氛，让学生在这种气氛中去理解、接受和记忆新知识。如在讲"不同的矛盾用不同的方法去解决"时，可讲古代的一个富有哲理的笑话。父教子说："凡人说话放得灵活些，不可一句话说死。"子说："如何叫作灵活？"适时邻居来借几件器物，父说："不可说多有，不可说多无，只说也有在家的，也有不在家的，这就叫灵活。"他日有客到门，问："令尊在家吗？"子说："也有在家的，也有不在家的。"学生在哄堂大笑时马上注意到学习的知识内容。

2.语言的艺术性。马卡连柯曾指出："教师要会十八种语调，二十种风度。"语言要有轻重缓急，抑扬顿挫。教学语言如果声情并茂、引人入胜，会使学生进入艺术的境界。语言要丰富多彩，既有古今中外的名人轶事或格言、警句、诗词、典故，又有通俗易懂的俗语、谚语、歇后语和成语，只有这样，学生注意的花朵才会永开不败。教学的内容有主有次，感情有浓有淡，这就决定了声音应富于变化。如内容庄重，就用严肃的语调；感情兴奋，就用高亢的语调；等等。总之喜怒哀乐，各有其音。讲解重点内容、中心问题时，语气要加重，语调要提高，并且适当放慢语速，甚至暂时停顿；讲解非重点、浅显易懂的内容时，语速稍微放快，一带而过；讲成就时，应热情奔放；讲历史教训、问题或困难时，要低沉凝重。心理学研究表明，听觉器官在经受长期不变的声音刺激之后，对该声音的感受性就会降低，且会导致人的疲劳。

3.语言的时代性。传统政治教学中一些教师的课堂用语过于拘泥理论教条，缺乏生动的时代气息，教师也被学生冠以"马克思主义老太太"之名，课堂上也就无法形成有效注意。这就要求政治教师多向《百家讲坛》的著名学者易中天学习，课堂用语不妨与时俱进，将枯燥的知识"平民化""现代化"，则必然引起学生共鸣，注意也空前提高。如在学习关于"世界贸易组织"有关知识时，让学生明白我国入世机遇与挑战并存，可以形象地比喻为"狼来了"，我国企业要学会"与狼共舞"，学生在会心的微笑后开始思考企业如何苦练"内家功夫""外家功夫"，在国际上竞争"武林盟主"的地位。

"理论是灰色的，而生活之树常青。"政治教师只有努力提高自身的素质和教学艺术水平，探究把握学生注意的各种方法和规律，让政治课教学充满生机与活力，才能不断调动学生的兴趣，激发学生的思维，形成有效的教学，实现教育的理想。

（本文刊登在《新课程·教师版》2007年2月5日）

让学生走向自信

——主题教学实现学生自能发展的心理基石

当今世界的国际竞争已经由经济与综合国力的竞争具化为人才的竞争、人口素质的竞争。培养具有良好适应能力、富有创新精神、能够自主发展的"新型公民"是新课程改革的必然要求。"教育最终要促进人的发展、为人的发展服务",政治课主题教学致力于促进深度学习,实现学生的主动发展,培养学生的创新精神。促进学生自信,是实现学生自主学习、能动发展的重要前提。

一、自信:奠定自主发展的基石

心理学告诉我们,自信就是自己相信自己的思想、道德能力的一种心理状态。它是人类特有的心理现象,对人的行为活动具有发动、坚持等调节作用,还可以影响和调节人的情感和认识活动。"谁拥有了自信,谁就成功了一半"。可见自信作为一种积极的心理品质,是促使人向上奋进的内部动力,是一个人取得成功的非常重要的心理品质。

居里夫人有句名言:"我们应该有恒心,尤其要有自信心。"高尔基也指出:"只有满怀自信的人,才能在任何地方都把自信沉浸在生活中,并实现自己的意志。"古往今来,有所建树的成功人士虽然从事不同的职业,具有不同的经历,但有一点是共同的:他们对自己都充满自信,由此激励自己自爱、自强、自主、自立。在现代教育活动中,自信就是实现学生自我积极发展绝对必备的一项基本要素,是他们学习、成长之路上的明灯。

但事实上在我们的传统教育中,在"天地君亲师"的伦理道德观念熏陶下,在"两耳不闻窗外事,一心只读圣贤书"的谆谆教导下,在"传道授业"的填喂下,在"应试教育"的逼迫下,有相当数量的学生缺乏自信，没有学习的乐趣，没有参与的热情，缺少上进的勇气，成为一个被自卑感笼罩着的人。长此以往，他们很难振作起来，不但自我没有发展和进步，反而可能因自卑而自暴自弃、破罐破摔，甚至走上极端，这是现代教育的悲哀。

新课程改革不仅注重学生的知识养成，更指向学生的能力养成和情感、态度、价值观的养成。要使学生能够实现身心连续不断的积极变化，由单纯注重知识的学习，转变为实现学会学习，学会生存，学会做人，自信是学生个体自主发展的心理基础，"没有自信的民族是没有希望的民族"，没有自信的学生也是没有发展前途的学生。

因此，要实现自我能动的发展，使他们在教育活动中由被动地接受转为主动地参与，从教育的客体转为学习的主体，从知识的接受转向知识的创新，需要强烈的自信引起学生求知的动机，创新的兴趣和持续的情感。有了自信，学生就有了努力向前、奋勇向上的动力，就会主动地积极地参与教学活动，在活动中不断积累成功的体验，又进一步形成继续发展的兴趣和热情，其自身素质的发展也逐步趋向无限，可见自信是自主发展的奠基石。

二、压抑：影响自主发展的因素

那为什么在当今学生身心上大量缺乏自信，影响其自我发展呢？是压抑。正是由于学生的个性被压抑，自我发展的能量得不到释放，身心不能健康发展，自信的积极心理渐渐萎缩，自卑的情感日益滋生，学生的主体人格被压制，主体意识难以形成，自然难以形成自主能力。

造成学生身心压抑的因素有两方面。

从客观因素来看，否定式教育环境使学生失去自信。

自信，是自己相信自己，是人们赞赏、重视、喜欢自己的一种有益态度。因此，自信的教育就是教学生学会给自己打气的教育，是由肯定式教育建构的，否定式教育绝不可能培养出自信的学生。

每个学生都有要求进步的愿望，都有搞好学习的良好愿望。一个学生学习上遭到失败时，心理上已很忧郁苦闷。如果他再作出努力，仍然屡战屡败，这时如果得不到老师和家长的理解和鼓励，没有人同情他，对他伸出援助之手，他就会怀疑自己的学习能力，原先心目中积极的自我形象就会退化，对班级和老师的依恋程度就会大大降低，甚至产生逆反心理，厌学情绪随之产生，久而久之一个毫无自信的学生就不知不觉地站到了老师的面前。由于受应试教育的影响，一些老师或家长眼里只有分数，没有活生生的人。分数成了对学生的唯一的评判标准，看不到学生其他方面的进步，给予他们的不是理解、同情和鼓励，而是诸如"不刻苦、不用功、无远大理想和志向"等之类的贬斥，使得这些学生内心十分痛苦，自暴自弃的情绪加重。

从主观因素来看，自尊心受损使学生缺乏自控。

传统教育中，学生的学习成绩是评价学生的唯一标准，如果学习失败，给学生带来的不仅是学生的自责，更有家长的责难和老师的批评，容易导致学生自尊的丧失。这种情形会使学生失去信心和动力，如果这时没有良好的人际关系对其进行帮助，这种学生在集体中就会被边缘化；如果自尊心屡遭挫折，消极情绪不断积累，久而久之，这些学生要求进步的愿望由于没有得到及时的扶植而变成泡沫；加上集体的舆论水平和老师的舆论水平不高，甚至出现一边倒式的歧视，他们将难以抬头做人，个性会变得更粗糙，产生情绪上的冲突应激，会不知不觉发展成具有粗野情感的叛逆的人，"反正都是我不好"，所有的校规校纪都不放在眼里，以对抗昭示自身的存在，于是走向极端的反面。

三、唤醒：实现自主发展的处方

自信是一种天赋，是一种与生俱来的自然力量，它与自我实现同属人性最伟大的潜能，即使在成长过程中不幸被磨难侵蚀、被恐惧所削弱了，通过合适的教育呼唤，它完全可以重放光芒。

从客观上说，要营造良好的教育环境。

自信既有天赋的因素，更有后天的养成，有利于学生自信发展的教育环境的创设须注意以下三个要素：

第一，目标期待。要"让每个学生都抬起头来"，就必须使学生明确目标，并能感受成功的自豪。新课程改革要求对学生的评价必须从过去的单一的学习方面评价转入多元化评价以及综合评价。根据这一评价标准，教师要及时调整自己的教育观，认真研究学生个性特征、潜在的素质优势，扬其之长，给学生以相应的奋斗目标、前进的方向，激发学生的潜能。当学生体验到目标的实现不是高不可攀，关键是应怎样发挥自己的优势时，这必然让他们变得有自信。

第二，多元评价。美国著名心理学家威廉·詹姆斯有句名言："人性最深刻的原则就是希望别人对自己加以赏识。"教师就应确立这样的教育信念：相信每个同学都有进步的现实可能，胸中装有每一个学生，使每一个学生都获得成长。教师通过制定多元的评价体系，使每一个学生都能获得成长的赞誉。尤其对学习成绩差的学生，要用各种手段、通过各种途径，使他们感到他们在学习等各方面都能够进步，并能达到一定的水平，使他们感到班集体和老师对他们的关心和爱护，恢复他们的自信心，唤起他们的学习兴趣。

第三，平等热爱。罗素说过："凡是教师缺乏爱的地方，无论品格还是智慧都不能充分地或自由地发展。"对学生的爱实际上体现了教师的素质和修养，它直接影响着学生的自信。成绩的好坏、认真的程度、纪律的遵守情况容易成为老师判断学生的标准，并由此自然生发对学生的爱与憎的情感。如果教师不调控好自己的心态，平等地热爱学生，包括接纳学生的缺点，就很容易挫伤一部分学生的自尊和自信。要知道，老师的呵斥下可能就有一个爱迪生，因此，教师要理解学生成长的特点，多给学生以宽容，允许学生犯错误，给学生以改正错误的时间和空间，让学生在自我缺点的改正中体验成功，培养自信。

"野蛮产生野蛮，仁爱产生仁爱。"爱的教育自然激发信心的火花。

从主观上说，要激活自强的心理品质。

第一，让学生自我设计，正确地认知自我

每一颗星星在天空中都有自己的位置，每一个学生在集体中都有自己的作用。学生之所以缺乏自信，一个重要的因素就是找不到自己的位置。

自信心的形成，很大程度上取决于自己的奋斗目标的实现情况。尺有所短，寸有所长。每个人都在努力地寻求发展，有的人不知道自己能干什么，干得了什么，这就需要找准自己最佳的人生位置。如果让学生根据自己的才智或特长来规划自己、设计自己，确定自己的努力方向，确定短期能见效的目标，通过指导让学生在自我设计中自主发现自己的合适位置和存在价值，这样他们在不断取得一个个成功的满足之后，就能激发起一个个新的成就感，不断增长才干。只有这样，才能获得自信。

第二，让学生自我表现，积极地主动参与

人总是生活在一定的社会关系中，活动是学生生命得以表现的基本形式，活动过程是学生的内在潜能双向对象化的过程。因为人有联合他人的倾向，在和他人的交往状态中，有一种比个人更丰富的感觉，感到更能发展自己的自然禀赋。因此，培养学生自信心的最有效手段就是组织学生参加喜闻乐见的活动，如演讲、辩论、表演等，扩大学生活动的范围，为学生提供表现自我的机会，引导学生超越自我。

第三，让学生自我体验，努力地自我实现

成功引导成功。要创造条件让每一位学生都能体验到成功的欢乐。

一般而言，成功是指个人或团体在具体活动中，达到预期的目标，让学生体验成功的喜悦。应针对学生的实际情况，确立其为经过努力，切合实际能够实现的目标。在制定活动目标时，教师要充分考虑到学生的心理承受能力，不要一下子提出很高的要求，令学生"望而生畏"，而应从较低要求开始，让学生"跳一跳"就可摘到果子，品尝成功的"滋味"，然后再加大力度，让学生"拾级而上"。在活动告一段落或结束时，给予适当的评价。当然，评价的方式并不只限于表扬，可以是学生能够明确感知的各种形式。学生一旦体验到了成功的喜悦，便会树立起"我能行"的自信心，减少不必要的担忧与分心，从而实现自我心理的积极发展。

皮亚杰认为："良好的方法可以增进学生的效能，乃至加速他们的心理成长而无所损害。"只要我们不断探索对学生自信的培养方法，必然能更好地促进学生自我能动的发展。

（本文刊登在《苏大学报(社会科学版)》2004年12期）

让教学反思成为主题教学政治教师幸福成长的通道

著名教育家苏霍姆林斯基说过，要"引导每一位教师走上从事一些研究这条幸福的道路"，对于实施主题教学的政治教师而言，教学反思，给政治教师展示了发展的前景，对自己的教育教学活动进行反思，通过反思来提高自身的教学水平，完成自我实现，政治教师将因反思而激活思想，赢取美好的明天。

一、反思什么

1.反思教育理念

有什么样的教育理念就会有什么样的教学行为，新课程改革首先是要改革教育者的理念。教育理念正确与否是教师是否成熟的重要标志，正确的理念导致正确的行为，错误的理念导致错误的行为。如果一个政治教师的教育理念陈旧、教育方法落后，那他工作得越投入，对学生的伤害就越大。为此，主题教学实践中，教师首先需要反思的就应该是自己的教育理念。教师需要反思的教育理念包括的内容很多，其中最核心的是教师观和学生观。政治教师应该树立符合素质教育和新课程标准的现代教师观，教师不仅仅是知识的传递者，更应该是学生学习的促进者、学生探究的合作者、学生发展的引导者、个性化教学的创新者。同时，教师的作用最终体现在学生身上，体现在学生身心的发展上，那么怎样看待学生、把学生看成什么样的人，就显得尤其重要，这是学生观问题。知识经济的竞争关键在于人，人的个性全面和谐发展关系着民族与国家的前途与命运。所以应树立"一切为了每一位学生的发展"的新理念，把学生看成是发展中的人、有巨大发展潜能的人、完整、能动的人。这样才会尊重学生，才能在教学过程中自觉地调动学生的自觉性、主动性和创造性，从而真正充分发挥学生的主体作用。

2.反思知识传授

这里的知识主要包括背景知识和专业知识两种。背景知识指教育学、心理学、学科教学论等方面的知识。它不但是政治教师专业化程度的重要标准之一，也是提高教师教学水平的重要基础。背景知识是政治教师必备的理论知识，是主题教学实践中政治教师传授专业知识的船和桥，它决定着政治教师怎么教、学生如何学的问题。在教学实践过程中，很多教学问题的发生往往与政治教师对背景知识的掌握程度及灵活运用的程度有关。从知识的层面上看，当教学出现问题的时候，政治教师首先应该反思这是否与自己缺乏教育学、心理学、学科教学论知识素养有关，然后有针对性地弥补和提高。专业知识主要指具体的政治学科教学内容。政治教师在向学生传授知识的时候，既要依据教材又要跳出教材，既要考虑教材的逻辑体系，更要考虑学生的实际情况，既要考虑传授知识，还要考虑能力培养等。因此，教师就需要对具体的教材内容进行整合处理。教师需要考虑教学内容的处理是否恰当，如调换、补充的内容是否得当，教学内容的逻辑顺序是否合理，教学重点、难点和疑点是否符合学生实际等。随着新课程改革的深入，政治教师面临着严峻的挑战，因为新课程教材给政治教师极大的创造空间，处理教材的自由度大幅度增强。这就更需要政治教师根据形势的发展变化经常性地对教学内容进行反思，在反思中不断调整，最终达到更完善的程度。

3.反思教学方法

政治教师在主题教学实践中常用的教学方法，本身并无优劣之分，关键看运用是否得当，即是否符合教学目标、学生的年龄特点以及教师自身的情况等，尤其要看是否贯彻了议题式教学方法。议题式教学是一种以议题为主线，引导学生围绕主题进行学习、探究、议论的教学理念和方式。在新课程标准下，议题的重要性受到了普遍重视。一方面，议题兼具课程内容与价值判断，契合强调综合化、实践化的现代教育要求；另一方面，议题式教学兼顾开放性和针对性，能够更加有效地引导学生思考。只要符合主题教学基本要求并运用得当的教学方法都是好的教学方法。可见，议题式教学与主题教学是完全一致的，强调情境探究活动开展是否活跃了学生的思维，是否调动了学生主动学习的积极性。教师须重点反思自己对议题式教学思想的本质理解是否正确。

4.反思教育行为

对于主题教学实践中的政治教师而言，教师自身的教育行为是重要的教学艺术资源，是取之不尽、用之不竭的艺术资源。传统中政治教师往往给人以"马克思主义老太太"的形象，给学生的政治学习无形中加上了情感的阻隔，很难想象一个守旧的僵化的教师能活跃学生的心理活动。恰当、得体、适度的教育行为不但可以活跃学生的思维、集中学生的注意力、增强学生的记忆力，还可以营造充满感情色彩的课堂教学气氛，有利于建立平等民主的师生关系，有利于发挥学生的自觉性和创造性，从而提高课堂教学质量。人无完人，任何一个政治教师在教育行为的运用方面都可能有不适当的地方，这就要求教师应该具有对自己教育行为的反思能力，在反思中不断完善自己。

二、怎样反思

1.以己为镜

反思作为一种思维方式，是对自己的思想、心理感受的思考，对自己体验过的东西的理解或描述，是对问题进行反复、严肃的沉思。因此，反思首先要以己为镜，这既是主题教学中政治教师对自己进行批判性反思过程，更是自我提高的过程。人本主义心理学家马斯洛说过："人都有自我发挥和完成的欲望，使自己的潜能得以实现、保持和增强。"来自内在动力的激励作用要远远大于外部约束的激励作用。教师经过不断自我剖析、自我诊断、自我调整，不断改进自己的工作并形成理性认识，最终得以自我提高，这种不间断的自我剖析活动，就是教师自我发展、自我实现的过程。随着这种活动的不断成功，教师的自信感和自尊感也就随之加强。这将成为政治教师进一步完善自己和提高自己工作水平的强大动力。当然，教师的自我解剖是痛苦的，特别是找出自己的问题的过程更是难堪的，但是通过自我剖析，一旦找到了问题，特别是找到了解决问题的突破口，就会获得不断前进的动力，也会带来主体精神的享受。

2.以师为镜

政治课主题教学中，政治教师的教学反思还表现在把其他教师作为反思自己的一面镜子。这种"以师为镜"，一要认真做到经常性地进行学习性听课，特别是听优秀教师的授课过程。通过对照反思，及时发现自己教学中的问题。同时要善于吸纳他人的成功之处，并有效地融入自己的经验中。但不要片面地模仿，应该主要吸纳他人的思想。因为每个教师都有自己的个性、自己的教学风格，一味地模仿往往会出现"四不像"的不良效果。二要经常开设汇报课等公开课，在展示自己思考学习所得之时虚心听取同行教师或听课专家的反馈意见。"以己为镜"虽然经历了自我剖析的过程，但常常因为"身在此山中"，往往出现"不识庐山真面目"的情况，这时同行教师或听课专家的意见就会起到很好的指导作用。因此，政治教师应该主动要求进行面对面的评课。因为面对面的评课能把问题分析得更清晰、更透彻，使被听课人能更好地了解自己的情况。

3.以生为镜

政治课主题教学时，教师工作的着眼点和落脚点都体现在学生的发展上，衡量教师工作的质量也必须从学生的发展上才能表现出来，因此学生的反馈意见应该成为教师反思自己的一面镜子。"以生为镜"的反思过程中，应该充分听取学生的意见，吸纳学生的有益建议。获取学生意见或建议的方法很多，但无论采用哪一种方法，都要追求学生自我对课堂的直接感受的真实。一种做法是在一堂问题探究课的最后，教师和学生应一起进行总结与反思。让学生在完成一阶段的探究活动后，自我总结这节课的主要收获，学到了什么，搞懂了几个问题，还有什么疑惑有待今后解决。还有就是让每个学生写综合评价。综合评价中应着重反映出学生对教师表现不足的地方，最好要求学生能给出改进建议，以作为教师修正自我时的参考。

笛卡儿说"我思故我在"，政治课主题教学中政治教师的自我反思正是自我教育行走的思想宣言，是走向自我实现的必然要求。当前，教师发展是中小学教育改革与发展的一个必然的趋势，让我们顺应这一趋势，乘上反思的"花车"，开往心中的乐土。

（本文刊登在《教育大参考》2009年8期）

做一根有思想的芦苇

近日重读肖川先生的《教育的理想与信念》，感想愈甚。掩卷之余，先生"用思想提升教育品质"的教育理想与信条时时跳跃在我的脑海里。法国思想家帕斯卡尔说过"人是一根有思想的芦苇"，人的生命像芦苇一样脆弱，宇宙间任何东西都能致人于死地，可是即使如此，人依然比宇宙间任何东西都高贵得多，因为人有一个能思想的灵魂。在进行政治课主题教学研究中，感受肖川先生伟大教育情怀之余，一个信念渐渐在我心中涌起，我愿以自己的教育行走方式诠释做一根有思想的芦苇。

一、做教育的享受者，不做苦行僧

一提起教师，不知为什么，人们的印象总是"身形消瘦、不修边幅、戴个厚如瓶底、胶布缠着一条腿的眼镜伏案工作"的形象。确实，现实生活中，许多教师沉浸在"教师是太阳底下最光辉职业"的赞美中，他们把满腔热血、亮丽青春都无私地献给了教育，无怨无悔成了自己默默追求的信条。"衣带渐宽终不悔，为伊消得人憔悴"，凄风孤灯中朦胧定格的是批阅作业的教师，月朗星稀下只身归来的是下班辅导的教师，节日喧闹里专心补习的是不计报酬的教师。还有那些为了学生不能兼顾自己的孩子，为了学生难以关心自己的健康的教师等等。确实，伟大的教育事业需要教师血汗的浸润，"祖国的花朵"需要"园丁"辛勤的灌溉。但从事教育事业不是做苦行僧！一个自己都享受不到乐趣的"工作"的人，是无法将教育演绎成"有着丰富的价值内涵和精神旨趣的活动"，这样教育行走下的结果除了赔上教师的思想、健康乃至生命生产出社会机器的零配件，还能让我们看到教育的未来吗？

政治课主题教学致力于促进学生主动学习，就需要让学生体验学习的快乐。没有快乐的教师，就没有快乐的课堂。因此，政治教师要将教育作为自己的事业，除了要奉献精神外，还要更新观念，享受教育，实现"诗意的栖居"。

人是充满血肉情义的社会人，享受教育的政治教师就不会将自己看作只是凄苦燃烧而耗尽最后一滴泪的蜡烛，就不会看成是蠕动着躯壳而痛苦地抽完最后一根丝的春蚕，就会追求快乐的教育，就会享受教育的快乐。在这种心境下为学生创设的教学情景必然是愉悦和谐的，是促进学生自由发展的沃土。享受教育就要求教师思考，改变传统的机械操作工角色，克服有口无心的苦行僧心理，主动地创造性地工作。思索"捧着一颗心来"，捧来的应该是激情、理想，是创新、超越，是自由、个性。只有享受教育的同时，才能还给学生真实的生活，才会呵护孩子的情感，关爱孩子的生命，才不会是驯兽式的冷酷。教师赏识关注的目光，才会在孩子的心灵升起灿烂的太阳，一个没有热爱、不会享受教育的教师，对自己都不负责任，我们很难想象他对待学生会怎样。

二、做知识的建构者，不做布道者

"师者，传道授业解惑也"，传统的教育早将教育关系定格成授与受的关系，教师成了知识的化身，是知识的布道者。实际上在当今时代，"知识不是通过教师传授得到，而是学习者在一定的情境即社会文化背景下，借助学习过程中其他人（包括教师和学习伙伴）的帮助，利用必要的学习资料，通过意义建构的方式而获得的"。

政治课主题教学旨在促进学生走向深度学习，因此，政治教师在自己的日常教学行为中需要克服传统的知识布道者意识，培养学生主动学习、学会学习。因为学生的精神世界是自主的、能动的、建构的，不是外部力量强加的灌输的，学生学习不应是被动地接受，而是主动地根据自身的认知结构注意和有选择地接受，从而完成对当前事物的意义建构。教师"需要充分关心学生的生活世界，了解学生的知识结构和经验系统，基于学生现有的智慧发展水平，着眼于学生成长的内在动机的唤醒"，通过活动和合作互动等方式，将学生"带入精神充实，富于理智挑战的境界"。

日常教学中，政治教师需要思考为学生们创建良好的学习环境，设置符合教学内容要求的情境，并提示新旧知识之间联系的线索，让学习的过程变成学生自己的探索过程。尽管每一个学生曾经提出的观点、检索的资料是不完整或不正确的，但是，在这样一个宽松、积极思考的学习情境中，通过多次交流，他们的知识建构逐渐变得完整。

建构的过程中，学生的思维越来越具有发散性。政治教师不可能什么都会，什么都懂，学生也未必什么都不会。重要的是教师要懂得尊重学生，未知的可以师生一起去探究。随着学生对知识兴趣的增加和精力的投入，本身的兴趣被激发出来，他们的综合潜质就会被挖掘出来。作为政治教师，要了解学生的需要，要为学生的发展服务，使学生成为知识建构的主体，让他们从建构中不仅得到了知识，同时获得了提出问题、研究和分析问题的继续学习的能力，这正是今天素质教育的重要内核。

三、做个性的促进者，不做花木匠

许多人总将教师比喻为"园丁"，诚然，从教师对学生的付出程度，两者有相似的一面，然而，两者更大的区别在于培养对象的差别决定了工作性质的天壤之别。《课程改革纲要》指出，教师在教学过程中"要处理好传授知识与培养能力的关系，注重培养学生的独立性和自主性，引导学生质疑、调查、探究，在实践中学习，促进学生在教师指导下主动地、富有个性地学习"。肖川先生认为，"教育要促进作为具体的、活生生的、个体的人的发展，这是教育最重要，最核心的职能"。园丁总是用修剪的方式将培育对象修理成一个标准，或用捆扎弯曲等方式塑造出畸形的美，这样的方式不是教育的方式。

但是多年来的高考制度，"分数面前人人平等"的"公平性"牺牲了一代乃至几代人的个性自由和谐的发展。为了在高考中获得高分，取得进一步深造的敲门砖，许多学生不得不压抑自己的兴趣和爱好，学校成为精神压迫的场所，违背了教育要促进"人"的发展的初衷。作为教育实践者的教师理应对此作出自己的思考，然而在现实中许多教师受制于"分数成绩""领导评价"的"应试评价标准"，失去了自我的本真，将自己也变成了庞大的考试机器上的重要一环。因此，要发展学生的个性，必然需要个性的教师。苏联教育家乌申斯基指出："只有人格才能影响人格的发展，只有性格才能养成性格。"很难想象，一个丧失了个性的教师，能够培养出个性鲜明、人格纯善的学生来。

政治课主题教学要培养学生的创新精神，就必须尊重学生的主体作用，促进学生的个性发展。行为是受思想支配的活动，一切教学行为是在教师理念主导下的信息传递与交流。从教学行为而言，政治教师的个性对于学生的成长具有播种的意义。

四、做学习的同行者，不做评论员

"天地君亲师"，千百年来，教师的地位是神圣的。但新课程理念表明：教师不再是课堂的中心和权威，而应走下神坛，走近学生，走进学生的学习过程，成为学生学习过程的同行者，对他们的学习进行引导，在他们需要帮助时进行合作。因此，教师的职责不再仅仅是教学生学习知识，而应是教学生学会学习，帮助学生确立目标，学会自我反思，寻找有效的学习方式，学会总结提高。教师的本质在于点燃学生智慧的火把，而不是一味地对学生的学习结果进行裁判，更不是简单地将"答案"告诉学生。

政治课主题教学课堂模式中，合作探究是其中的一个关键环节，是激发学生参与热情，发生深度学习的主要过程。主题教学的课堂，是师生互动、心灵对话的舞台，是师生共同创造奇迹、唤醒各自沉睡的潜能的时空，是学生向未知方向挺进的旅程。因此，政治教师更多的是思考如何顺应学生的特点，研究怎样把学生置于一种主动探究并注重解决实际问题的学习状态，改变学生只是单纯从书本学习知识的传统，让学生通过亲身体验、了解知识的形成与发展过程，并培养他们的创新精神、实践能力和终身学习的能力。这样的教学工作更多的是增强学生求知的激情和创造的欲望，充分发掘学生知识潜能，使学生获得生存与发展的智慧。

这就需要政治教师从浩瀚的题海中抬起头来，思考培养学生永不满足的学习精神，让他们兴趣盎然地去探索和追求；养成学生独立思维的习惯，敢于质疑，敢于超越，敢于以全新的、富有个性化的眼光进行自己独特的思考，以科学的精神和创新的意识审视固化定理，大胆想象和推测，勇于创新，敢于实践。将教学的过程置于一种开放、多元、生成的环境中，解放学生的思维，在自由、自主的状态下产生灵感，迸发创新思维的火花。

"你真正的生命是你的思想"，面对新课程改革的根本目标——立德树人，需要成千上万的有思想的教师去实践探索。正如肖川先生所言："思想的创生，是一种精神的历险，需要胆识，需要勇气。"在这纷繁复杂的世界里，让我们保持一种率真的勇气，坚持做一根摇曳在教育园地里"有思想的芦苇"。

（本文2008年5月获江苏省"五四杯"论文大赛二等奖）

和谐师生关系是政治课主题教学有效性的基础

作为教育活动的表现形式，师生关系是教育活动赖以展开的基础，它影响着教育教学活动的进程和效果，关系着教育目标的实现，直接决定着教学的有效性。从教育的现实状况来看，只有建设和谐的师生关系，实施有效教学，才能实现教育的和谐发展。然而，思想政治课教学实践中，由于思想政治课本身的政治属性，师生关系的现状堪忧。

一、误解或否定——师生关系的冲突窘状

1.师生现象昭示冲突窘况

镜头一：

（教师）经常有同行这样慨叹："现在的学生，真不知道他们怎么想的，我们这样认真辛苦，牺牲了这么多的休息时间为他们做辅导，批改作业，还不是为了他们的前途，可让他们做点作业，要求高一些，学生就好像是为我们学习似的，毫无主动性和积极性。"

（学生）一些学生认为："教师工作认真是应该的。这是教师职业道德的基本要求，他们只是做了他们的分内事情；可是一些教师为了自己的奖金和荣誉，拼命加班加点，加重我们的学习负担，让我们一直处于超负荷疲劳学习状态，还自认为是为我们好，完全是颠倒'黑白'。"

镜头二：

（教师）对于一些学习"待优生"，有教师认为："这些学生，智力都是不错的，就是情商有问题，不认真学习，缺乏上进心和学习毅力，个个像'超级女生'和'超级男生'，不服管教，以后很容易变成问题青年。"

（学生）对于一些教师的教学管理，少数学生通过私下里给他们取

绰号来表达自己的感受，男教师通常被称为"拉登""扎卡维""老板"等，女教师通常被呼为"灭绝师太""容嬷嬷""李莫愁"等。

镜头三：

（教师）对于学生的教育管理，不少教师认为："现在的教育真难，学生大部分是独生子女，脾气比我们还大，严格要求他们就好像我们是他的对头一样，一副'布袋和尚说不得'的样子。"

（学生）不少学生对教师的一些管理措施采取了"非暴力不合作"方式，甚至有学生说："你不是喜欢让我在同学面前没面子吗，那我就考试不认真让你均分低；你不是喜欢叫我家长来让我回去喝一壶吗，那我就出走让你们担担心。"

……

2. 冲突关系自然影响教育效果

"没有情感的支持，理性也将毫无力量"。以上举例可见，这些缺乏相互信任和尊重的师生关系是以相互否定的情感为基础的。这种冲突的师生关系自然造成双方不良的情感反应，比如隔阂感、轻视感、厌烦感等，在实际的教学工作中会形成极大的负面效果。很多时候，教师对于某些学生或某件事情，苦口婆心，反复说教，听起来也都是很有道理的话，花了许多的时间和精力，自己也以为做了很多工作，但是学生却不为所动，教学成效甚微。其原因就在于冲突导致教师缺失威信，与学生关系生疏，而学生也会对教师产生戒备或轻视的态度，在情感上对教师关上了那道接受的门，于是就形成了这样的态度：我既然否定你这个人了，那么你说的什么我都不愿意听，不管有没有道理。而心理学的"移情效应"又会让学生将这种态度转移到教育的内容上，其动机、兴趣、思维活跃程度、精力投入程度也会被消极情绪所抑制，实际内容难以内化到学生的心理结构中去，必然大大弱化了教育接受的效果。

二、认同和接受——师生和谐的当然基石

1. 教育改革呼唤师生和谐

新课程改革要求课程实施改变过于强调接受学习、死记硬背、机械训练的现状，倡导学生主动参与、乐于探究、勤于动手，培养学生搜集和处理信息的能力、获取新知识的能力、分析和解决问题的能力以及交流与合作的能力。这一目标指向培养学生主动、创新的学习方式，学会学习。要培养学生的创新能力，形成良好的学习习惯，当然要以师生关系和谐为基础，亲切自然平等宽容的情感易使学生认同和接受教师的教学行为，促进自身学习方式的改善；而冲突的师生关系易使学生变得内向、被动、恭顺、冲动等，窒息了作为人的主动性和创造性。因此从某种意义上讲，从实践意义上讲，建立和谐的师生关系是实现有效教学的基础和前提，也是推进教育改革的突破点。

2. 情感认同引导教育和谐

和谐的师生关系内涵包括 "民主性、平等性和共享性"等三个方面，这一内涵的基石是情感认同。在心理学上，"情感认同"是指师生在教学交往中，在相互同一而矛盾的关系基础上，建立起来的一种相互尊重、信赖、理解、民主、平等以及对彼此某些轻微错误的宽容和接纳的良性心理状态。作为生活在一定社会条件下的人，人与人之间关系错综复杂，教育关系往往使学生具有"被决定"的一面。学生对思想政治教师的认同与否直接影响教育目标的实现，它对政治教师教学的效果起着一种内部制约作用。因为认同感作为一种情感体验，它由一些可以产生积极的情感反应的心境构成，如亲切感、信服感、权威感等，在这种情感状态下，学生对于有关信息接受的阀门是打开的，心理活动是积极的，并和教育指向一致。学生对思想政治教师的积极认同使双方产生一种良性的情感反应，进而使学生对所认知的事物发生兴趣，对认知过程中的脑神经反应也有激励和活跃作用，为智力操作提供了最佳的情绪背景。而当这种情感体验达到一定程度时，就会发生情感的迁移，所谓"亲其师信其道"，正是这种情感体验对教学和学习中的认知活动起启动、维持和强化等作用，它能有效地促进教学过程的进行和良好教学效果的取得，引导教育实现和谐。

三、热爱及尊重——情感认同的自然基础

1．热爱建构情感认同基础

孔子曰："君子学道则爱人。"陶行知则把教育学生喻为"抱着爱人游泳，越游越起劲"。情感认同下的教育是"爱的教育"，情感认同的基础是"热爱"。我们常发现这样一种情况，幼儿园小朋友和小学生经常将教师的话当作"圣旨"，有时连父母亲的观点也可以背弃，却不愿意违背教师的要求，其原因就在于这种年龄段的学生正处于"爱"的"哺乳期"，教师适时填空了父母爱的空间。在孩子的心中，教师就是爱的化身，而这些教师的教学行为又更多地体现在像父母那样满足他们的种种好奇和游戏的需要。可见教育中要获得学生的情感认同，需要用慈母般的热爱去关心和爱护每一个学生，胸中装有每一个学生，让每一个学生都获得成功。因此，高中思想政治教师应认识到所有学生都是能成才的人，应与之广泛接触，视学生为知己，帮助他们克服困难，改正缺点，到学生中去了解他们的思想感情变化，倾注热情，以爱换爱，营造一种爱的氛围。这样，沐浴在爱的阳光下的学生自然愿意向教师敞开心扉，教师的形象在学生心中也逐渐高大起来，其言行对学生的影响就日益深刻，教学的效果则愈益显现。

2．尊重搭建情感认同平台

美国作家爱默生说："教育的秘诀在于尊敬学生。"思想政治教师只有充分尊重学生，才能赢得学生的尊重，获得学生的情感认同，从而建立和谐的师生关系，达到发展学生个性才能的创新教育目的。课程改革纲要指出："学生作为独立自主有人格尊严的人，积极参与教育活动，在与教师的相互尊重、合作和信任中全面发展自己，获得成就感与生命的价值体验，并感受到人格的自主和尊严。"作为教师要认识到学生的特点，首先要使学生的人格得到应有的尊重，要把学生作为一个独立完整的社会人来看待，特别是要尊重学生的自尊心。

马斯洛的需要层次理论告诉我们："这个系统层次从低到高依次是生理的需要、安全的需要、归属和爱的需要、尊重的需要以及自我实现的需

要。"青少年对安全、归属和爱的需要、尊重与自我实现的需要会与日俱增。"一旦低级需要得以满足，就不再成为积极的推动力和起组织行为的作用，而高级需要对行为却具有持久的激发作用。" 随着年龄的增长、自我意识的发展，学生强烈要求认识自己，发展自己，要求独立地处理问题。这个时期他们往往表现出对长者的意见不盲从，对现实问题不苟同，对社会和未来有自己的独立见解。然而限于学识和经验，他们往往高估自己，常感教师、家长、社会对他们不理解，强烈渴望得到热情的帮助与认同，如果思想政治教师在教育中不能充分表现出这份尊重与认同，"以己之身，及人之身"，学生也就很难认同教师，容易走向教师的对立面，轻则"非暴力不合作"，严重的则会煽动对立乃至对抗。

四、沟通加宽容——情感认同的必然要求

1. 沟通是通往情感认同的桥梁

沟通是师生之间平等的、寻求知识与精神际遇的爱心交流，是通往情感认同的桥梁。教育本质是促进学生精神成长的过程，这种成长不是依靠获得现成的知识自然产生，而是必须在与教师的交流中，通过不断反思才能形成。学生的心灵会由于沟通而与教师的距离拉近，他们的思想、情感、意志和责任感都将因沟通和交流而得以展现；在学生心目中由知识衍生的对教师的敬畏感逐渐隐退，而代之以渴望与教师一道参与、讨论、探讨问题，这样，师生间的隔阂自然被打破，误会和猜疑也就迎风而化，双方的情感便走向和谐。

因此思想政治教师要充分认识有效沟通的意义，畅通沟通的渠道，不断提高沟通的水平，真正实现师生和谐沟通。教师不妨将自己的业余爱好与学生有机结合，在互动中自然生发沟通的欲望和要求；沟通中还可以利用表情作用，适时表现自己的喜怒哀乐，在学生面前充分展示自己的亲和力，拒绝"老板"面孔，"蹲下身子看人"，拉进与学生的距离，提高沟通效果；教师还应不断提升自己的人格、能力，使学生在与教师的沟通中不断感受积极情绪体验而形成积极的情绪反馈，加强了学生对教师的信赖感；教师还应该充分发挥其个性品质并在教育教学过程中独具特色，激

发学生沟通的动机，要知道鲜明的个性总是容易使学生仰望风采而为之折服。

2. 宽容形成情感认同前提

所谓宽容，是指师生之间相互的理解和接纳，意味着师生产生一种双重感觉，体验个人本身，同时看到对方的奇特性，并予以认同和接受。要实现师生的情感认同，必须以宽容为前提。因为师生交往中，双方都是作为真实、完整、独特的主体出现的，不同个性、不同需要、不同思想情感的教师和学生要共处于教学的统一体中，必然离不开理解和接纳，离不开相互的宽容。宽容和理解是师生沟通和交往的前提和目标，没有宽容和理解，沟通便失去了基础和导向，正所谓"话不投机半句多"；只有宽容和理解，师生才能与对方产生精神上的相遇和沟通，共同体验同一经验；通过宽容和理解，师生才有彼此的"敞开"和"接纳"，真正进入对方的精神领域，实现平等的沟通。

宽容和理解意味着师生之间的相互接纳和认同。师生双方有着不同的个性、不同的需要、不同的思想和情感。当双方要建立和谐的关系时，必须首先接纳对方的差异性，尤其是思想政治教师一方更需具备宽容精神。意味着教师首先要尊重和保障学生的权利，允许学生都有权就某些问题或事实发表自己独立的见解，教师不应强迫学生服从己见；教师要相信学生的能力、相信学生的创造力，尽可能地尊重学生的独立、合理的见解；还要允许学生犯错误，学生犯错误的过程也是认识能力提高的过程，教师对学生的错误行为不应妄贴标签，要给学生留有改正的机会，并相信学生的发展可能性。这样双方就不会因分歧而产生误解，更不会因误解而对立，教育行为就更容易科学开展，更能达到教育和谐的目标。

"尽管随着教学的技术化而在教学过程中引进了'人与机'关系因素，但他始终代替不了'人与人'关系因素"。综上所述，情感认同作为最重要也最神秘的情感关系的基石，对于进行有效教学，实现教育的目标，其意义和价值是不可估量的，值得我们去进行探索追求。

（本文2006年5月获江苏省"五四杯"论文大赛二等奖）

第三模块 影响因素

175

主题教学师生自能发展同构共生管理机制探析

思想政治课主题教学活动过程中，教师与学生之间不是简单给予、被动接受的关系，而是相互促进、共同发展的关系。因此，师生自能发展同构共生是素质教育发展的本质内容，研究与之相适应的教育管理机制是现实的必然要求。到目前为止，基础教育的现状仍然主要表现为"重分数结果轻发展过程，重表面价值轻潜能素质，重管理的支配性，轻管理的服务性"等问题，学生自能发展的素质难以培养，教师自身的发展亦被忽视。基于此，确立怎样的管理理念，组成怎样的结构形式，建构怎样的目标体系，采取何种操作形态，是主题教学活动中师生自能发展同构共生管理机制的主要内容。本文试作初步探析，以求为推进师生自能发展同构共生的教育管理提供参考。

一、管理机制建立的基本理念

根据"自能发展"的内涵，"师生自能发展同构共生"是指在中学教育这一特定范围内，在共同的文化背景和生存状态下，从教育者和被教育者的关系出发，通过运用各种策略，协调双方关系，整合各种教育资源，进而形成一个最优化的外部环境系统，放大师生双方互动的正效应，促进各自潜能的自我开发和知情意行的协调运行，最终实现师生双方的合作发展、共同发展、和谐发展。具体到思想政治课主题教学，师生自能发展同构共生的管理机制建立的理念，必然强调师生自能发展要根据本体的内部价值要求，强调发挥主体内部因素的动力功能以及客观外部因素的促进功能。根据这个内涵，管理机制建立的理念有三个要点：

一是以"学生自能发展"为观念导向，二是以"教师自能发展"为观念导向，三是以"师生自能发展同构共生"为观念导向。

"学生自能发展"体现了新课程改革的要求，强调以学生为主体，尊重学生个性，让学生在自主学习、合作探究中分析解决问题，实现关键能力和核心素养的全面发展。"教师自能发展"从其驱动因素而言，有三大因素，即作为具有生命性的人的本能的生长性的生理因素、作为具有能动性这一特性的人的精神状态的内部心理因素、作为具有社会性这一特性的人的外部社会因素。"师生自能发展同构共生"则要求管理者需要厘清教育的使命，不仅在于让学生"形成积极主动的学习态度，形成正确的价值观人生观，培养终身学习的技能，形成搜集和处理信息的能力、获取知识的能力、解决问题的能力与交流合作的能力"，它还应具有促进教师成长的双重功能。

政治课主题教学的过程是师生共同的生命历程，其影响必然是双向的、共生的。学生的自能发展必然影响教师的自能发展，教师的自能发展能够有力地促进学生自能发展。仁爱产生仁爱，一朵云推动另一朵云，不仅要关注学生的"自能发展"，更要关注"师生自能发展的同构共生"。

二、管理机制组成的基本因素

政治课主题教学师生自能发展同构共生管理机制的组成，由影响师生自能发展同构共生的基本因素构成，这些因素通常如下。

1.教育管理者。这是影响师生自能发展同构共生的关键因素

教育管理者的教育观念，是师生自能发展同构共生管理的关键因素。根据基础教育的现状，要求教育管理者以人为本，围绕人的心灵世界关注师生共同体验，共同实践及至实现自我的共同生命历程；要求面向社会、面向未来的竞争关注影响师生双方互动生成和谐的心理品质，促进竞争潜能的开发；要求从人的属性出发关注师生人格的健全，发展共性的同时张扬个性；要求更加重视实践能力、自能发展能力的培养，关注实现师生共同合作，自主发现问题、分析问题和解决问题；要求学校管理者的教育评价更重视师生双方心灵过程的获得和评价，肯定他们生命深处的影响。

2.教师与学生。这是影响师生自能发展同构共生的核心因素

这里更重要的是关注教师的因素，因为在政治课主题教学过程中，

政治教师某种程度上也充当教育管理者的角色。自能发展同构共生为教师的教学活动指明了方向，同时也对教师在整个教学过程中的理念与行为提出了挑战，要求政治教师平时更要注意通过报刊、互联网、电视媒体、集中进修和培训、参加研讨会等各种渠道不断学习，不断更新自己的知识结构，拓宽知识面，与时俱进；作为学生自能发展的传道者、引路人、合作伙伴，努力创设一种为学生所接纳的、合作的、开放的师生氛围。

3.家庭与社会。这是影响师生自能发展同构共生的重要因素

作为政治课主题教学师生自能发展同构共生管理机制的重要因素，家庭与社会是不可或缺的。家庭既是教育列车的始发站，也是停靠站，家庭环境、家长素质及家长的教育观念等因素直接影响学生的在校学习和今后的发展，家校的相互配合，有利于提高对学生教育教学的管理水平，有利于学生人生观、价值观、道德观的健康发展。而社会的影响则是全方位的无处不在的，大到国家社会制度，小到电线杆上的"牛皮癣"，无不昭示着它的强力影响。因此，作为管理者，家长学校、家长委员会、社区教育委员会等是显现这一因素的重要方式。

以上三维要素，要在统一整合下，形成以政治课主题教学师生自能发展同构共生为核心的合力机制。机制中的管理成员和管理对象是互动互补的和谐关系，是互相关联的网络化关系。管理成员一方面要向对象发出管理信息，另一方面又要接受对象的监督、制约和要求；管理对象一方面要接受管理信息，另一方面又要以自身发展的要求影响对象的发展。

三、管理机制运转的基本目标

"政治课主题教学师生自能发展同构共生"的管理机制运转的目标可以从如下三个维度表述。

1.教师维度

政治教师是"师生自能发展同构共生"的管理机制运转目标的主要实践者。因此，管理机制在这个维度运转的目标具有两重性：一是要求政治教师主体在自身内部，以自我决策、自我设计、自我实践、自我监控、自我调节的能力提高自能发展的素质。这种素质从人发展的整体性特征和持

续性需要出发，可以确定为"自我能动的专业成长""自我能动的关系建构""自我能动的人格修养"三个维度。二是要求政治教师主体向自身之外的管理成员施加影响，促进他们不断调整或改变现实的管理状态，以适应主体发展的需要。

2. 学生维度

在这个维度运转的目标，不是指向维护课堂的秩序，而是指向学生的发展；不是指向外在的有形变化，而是指向内在的心智改善；不是指向短期的行为控制，而是长远的习惯养成。机制在这个维度运转具有两重性，一方面学生是管理的对象，另一方面学生是课堂的主人。机制的目标必然是从学生的愿望出发，需要学生的讨论设计，也需学生的参与管理与实施。努力从教育的实际出发，把学生的发展当作教育工作的终极指向，让学生在活动中认识自我，展示自我，挑战自我，发展自我，提升自我；力求科学化、规范化、人性化，最大程度上发挥学生在整个管理机制中的作用，促进学生的自能发展。

3. 学校维度

作为管理机制目标的宏观维度，一方面需要师生在内的所有影响师生自能发展同构共生的因素，都变成教育管理因素，推动师生自能发展的同构共生，以实现学校教育的现代化，提升学校的办学品位；另一方面需要优化家庭环境、树立积极的家庭价值追求，为孩子的自我能动发展创造条件；需要加强社区治理，加强社会道德建设和主流文化建设，采取有效措施弘扬社会积极因素，消解不利因素，以利于师生的发展。

四、管理机制实施的操作形态

政治课主题教学师生自能发展同构共生的管理机制实施的操作形态主要表现为以师生自能发展为主体的自我实践形态、教育服务形态和动态管理形态等三种形态。

1. 自我实践形态。要求师生主体在组织的有目的、有计划、有组织实施的正式教育层面，自探、自悟、自得，完成自我管理、自我监控、自我调节，师生双方各自在自我能动的发展中实现相互促进的正向作用，实现师生自能发展的同构共生。

同时要求师生主体在日常生活活动中的非正式教育层面，自我组织，自我约束，自我主导、自我评价，通过自悟、自认、自醒、自警等活动，在开发各自自能发展潜能的同时，形成师生双方自能发展的正相关作用。

2. 教育服务形态。要求教育管理者、家庭和社会，对教育对象实行差异性服务、主动式服务。

管理者就是服务者，要促进师生自能发展的同构共生，必然要求管理者转变管理的观念，在实践中实行差异性服务、主动式服务。差异性服务是针对师生的差异性特点确定相应的发展目标，制订实施计划，采取行动步骤，提高各自自能发展的效能；主动式服务要求以积极主动的形式，端正服务的态度，以服务的方式和提供服务项目的手段来实施管理，表现出对管理对象的热情、关切、真诚和期盼，维护人的主体地位，激发人的主体精神，创造师生自能发展同构共生的条件。

3. 动态管理形态。指以一种动态性的观念、评估和方法，来推动人持续发展，走向完善。

"新基础教育"认为：教育过程是一个极具变化、发展的动态过程，具有不可预见性的特点。教育过程是师生共度的生命发展过程，教师与学生互为自变量和因变量，二者相互作用，相互影响，动态生成。因此，教育管理活动必须根据不同的情况和采取不同的措施、方法，实行动态调节，使教育管理具有针对性和适应性。这样的管理着眼于教育过程中的"突变"因素，它包括一些意料之外的新事物、新情景、新思维和新方法，更包含着远远超越于计划之中的生动、活泼的教育过程，有利于促进师生自能发展的同构共生。

总之，优秀的管理机制既是管理者匠心的体现，也是师生智慧互动的展现。科学管理可以放大政治课主题教学师生自能发展同构共生的效率，使每个成员都充分发挥他们的潜能。唯其如此，我们的师生自能发展同构共生才能达到真正的互相促进，和谐共生，绽放精彩。

（本文刊登在《名师之路》2008年1期）

后 记

《让学习走向深度》终于要出版了，虽然从编辑到出版的历程不长，但却是我30年教育生涯、20年教育科研的小结。不够完美，甚至略显粗糙，但我对此已用尽百分之百的心力。

生命的真谛在于细细品味岁月。我的教育科研源于我工作10年后的课堂上的一个学生振聋发聩的疑问："政治课是不是只要背背就能得分？"从此，"我理想的政治课堂应该是怎样的"一直萦绕于心，开启了我的教育反思与研究，从"十五"一直到"十四五"，从一名普通教师成长到现在，虽有起伏，但从未中断。其间，有辛酸、苦辣，却也蕴含着许多温馨和幸福。

对于出版这本书，我其实一直是犹豫与徘徊的。早在2019年我主持的省"十三五"规划课题"基于深度学习的政治课主题教学"准备结题时，同人们就建议我结集出版。受限于境界和水平，我觉得我的学术素养远不能上升到"著书立说"的标准，存在着体系性不够完整的问题，文笔也不够优美，怕贻笑大方。后在大家的一再鼓励下，终于努力完成整理工作。本书收集的文章，或是发表在报纸杂志上的，或是参加省级论文比赛获奖的，后面都注明了出处，力求呈现原生态的写作，体现当时的思考。有些文章在出版时结合时代和主题略做了修改。

本书在整理过程中，得到了丁卫军教授的大力支持和帮助，刘立峰老师在编辑过程中付出了很多的心血和汗水，特级教师郭志明先生对本书出版也给予了关心和支持。在此一并表示衷心的感谢。

当然还要感谢我爱人和女儿的精神支持。

人生乐趣莫过于追求的过程，努力地追求也是一道风景，是以为记。